Esto pertenece a: ______________________________

«NOURISHING FAMILIES»

Around the TABLE

Manual de taller

Fundado en 2006, Leah's Pantry se ha expandido de proporcionar programación innovadora en educación sobre la nutrición para poblaciones de bajos ingresos en San Francisco a una organización estatal que trabaja con socios públicos y privados. Además de nuestro trabajo fundamental, trabajamos en todo California para llevar a cabo capacitaciones de educadores en nutrición, administramos el sitio web EatFresh.org y proporcionamos una capacitación exhaustiva y un programa de formación de capacidades para despensas de alimentos de caridad. Somos la primera organización de nutrición del país en adoptar un enfoque informado sobre el trauma.

CalFresh Healthy Living de California, con financiamiento del Programa de Asistencia Nutricional Suplementaria del Departamento de Agricultura de los Estados Unidos – USDA SNAP, ayudó a producir este material. Estas instituciones son proveedores y empleadores con igualdad de oportunidades. Para ver información nutricional importante, visite www.CalFreshHealtyLiving.org.

Impreso por Amazon KDP en los Estados Unidos de América. Algunas imágenes son obtenidas de Unsplash y Adobe Stock.

v.06302020

Bienvenido a Alrededor de la mesa: Nutriendo familias

¿Qué significa estar nutrido y nutrir a mi familia? ¿Cómo el estrés impacta mi habilidad de estar saludable y qué se puede hacer al respecto? ¿Cómo puedo encontrar maneras simples de practicar buena nutrición y alimentar a mi familia con comidas deliciosas? ¿Cómo apoyo la vitalidad emocional y física de mi familia a través de los alimentos?

Alimentarnos a nosotros mismos y a nuestras familias puede ser tanto placentero como desafiante. Lo invitamos a reunirse con una comunidad de otros padres y cuidadores para explorar cómo nutrir los cuerpos y almas de nuestras familias.

¡Disfrute!

Contenido

ACTIVIDADES DEL TALLER

PREGUNTAS DE CONVERSACIÓN: EXPLORANDO NUESTRAS HISTORIAS DE ALIMENTOS

1. ¿Cuál es el alimento que usted asocia con su niñez? ¿Por qué?
2. ¿Qué le parece que es lo más importante sobre la comida?
3. Piense acerca de una vez en su niñez cuando alguien estaba cocinando. ¿Qué es lo que recuerda acerca de esto?
4. ¿Cuál es su comida de consuelo favorita, algo que se le antoja cuando se siente estresado o emotivo?
5. ¿Quiénes eran los cuidadores mientras crecía? ¿Cómo mostraban amor?
6. ¿Cómo aprendió acerca de los alimentos y cocinar? ¿De quién lo aprendió?
7. ¿A quién le ha enseñado acerca de los alimentados y cocinar?
8. Describa un recuerdo de alimentos favoritos. ¿Qué hizo de ese momento algo especial?
9. ¿Quién es su modelo a seguir sobre autocuidado? ¿Por qué?
10. ¿Cuáles problemas de salud circulan en su familia y cómo está tratando de romper el ciclo?
11. ¿Cómo han cambiado sus necesidades y hábitos nutricionales durante su vida?
12. ¿Qué es lo peor que ha comido en su vida?

Vea cómo piensa y qué siente T-Rex en estas situaciones, luego use el espacio en la siguiente página para considerar sus respuestas.

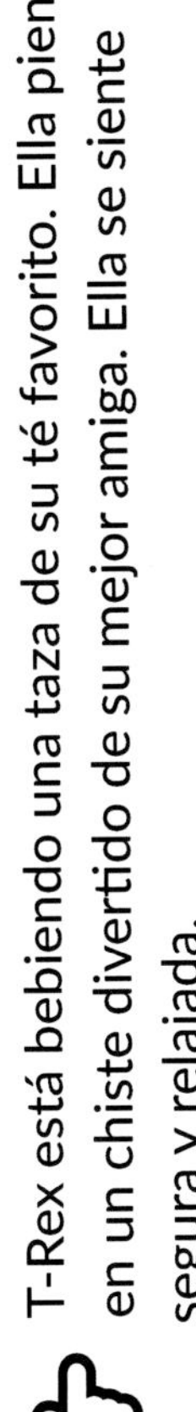

T-Rex está bebiendo una taza de su té favorito. Ella piensa en un chiste divertido de su mejor amiga. Ella se siente segura y relajada.

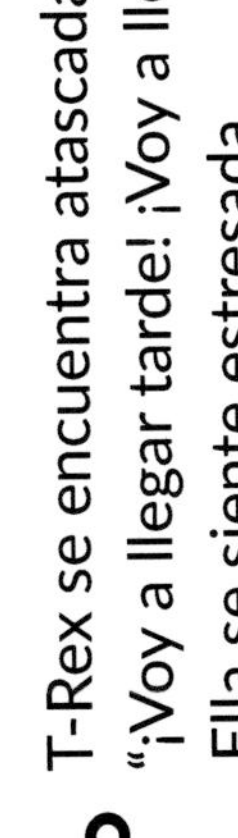

T-Rex se encuentra atascada en el tránsito. "¡Voy a llegar tarde! ¡Voy a llegar tarde!" Ella se siente estresada.

Dibújese sintiéndose seguro y relajado.
Agregue etiquetas para decir lo que está pensando y sintiendo.

Dibújese bajo estrés.
Agregue etiquetas para decir lo que está pensando y sintiendo.

El cuerpo humano está construido para manejar el estrés... algunas veces. Los síntomas comunes del estrés a corto plazo incluyen:

La **cabeza** puede empezar a doler; algunas personas se vuelven aún más sensibles a la luz y el sonido

El **cerebro** puede distraerse con pensamientos repetitivos, haciendo difícil concentrarse

La visión puede volverse borrosa, los párpados pueden presentar un tic, o los **ojos** pueden doler

Los dientes pueden ser apretados con fuerza y la boca puede secarse

La piel puede palidecer, sudar o sonrojarse

Los músculos pueden tensarse o temblar

La respiración puede acelerarse y volverse superficial; algunas personas pueden contener la respiración

El ritmo cardiaco incrementa junto con la presión arterial; esto dificulta el dormir

El apetito puede aumentar o disminuir; algunas personas experimentan náusea o hasta dolor de estómago

El control de esfínteres o de vejiga se reduce durante estrés extremo

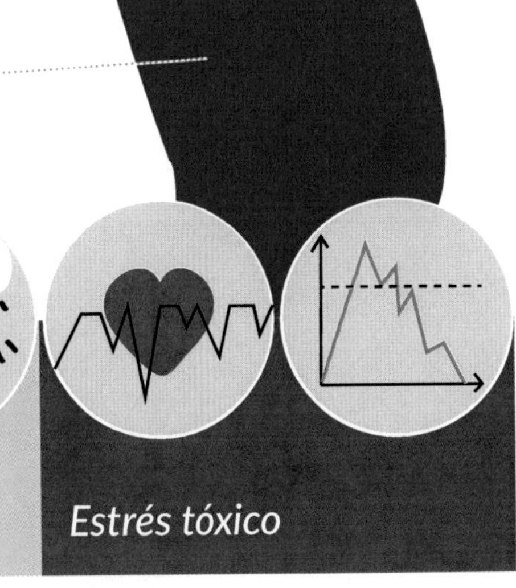

Estrés positivo

Esta respuesta al estrés no es siempre dañina. **El estrés positivo** ocurre con un cambio o situación que desea, tal como empezar un nuevo trabajo o viajar a un lugar nuevo. En estas situaciones, un poco de estrés puede ser motivante.

Estrés tolerable

El estrés tolerable ocurre cuando nuestros cuerpos responden a amenazas más serias, tales como lesiones o discusiones, pero regresan fácilmente a la calma. Las destrezas para manejar las situaciones, el apoyo con amor y la buena salud ayudan todas a que el cuerpo regrese a un estado de calma.

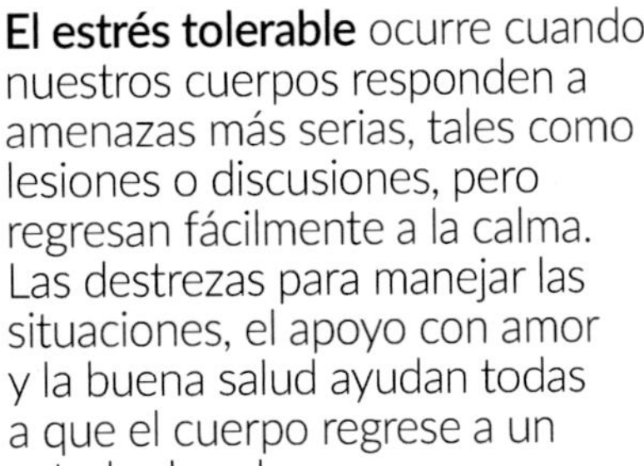

Estrés tóxico

Cuando el estrés es muy severo o duradero, no obstante, el cuerpo no puede regresar fácilmente a un estado de calma. Este es el **estrés tóxico**. Con el tiempo, el estrés tóxico puede llevar a problemas de salud serios.

PREGUNTAS DE CONVERSACIÓN: ALIMENTAR A NUESTRAS FAMILIAS

1. ¿Cómo motiva a sus hijos a comer?
2. ¿Cómo se asegura de que sus hijos estén desarrollando hábitos alimenticios saludables?
3. ¿Qué aumenta su paz y vitalidad acerca de la vida y las rutinas de su familia?
4. ¿Qué es lo más desafiante de alimentar a su familia con una comida nutritiva?
5. ¿Quién cocina en su hogar? ¿Le ayudan los miembros de la familia?
6. ¿Qué significa para usted buena nutrición?
7. ¿Existen ciertos alimentos que no come o no permite que sus hijos coman?
8. ¿Encuentra más fácil cuidar de otros o cuidar de sí mismo?
9. ¿Qué lo enorgullece más como padre o cuidador?
10. ¿En algún momento se siente juzgado por otros por cómo se alimenta o cómo alimenta a su familia? ¿En algún momento se encuentra juzgando a otros?
11. ¿Cocina para otros? ¿Qué es lo que le gusta de hacerlo? ¿Qué es lo que no le gusta de hacerlo?
12. ¿Cuál es la comida "de elección" de su familia (una comida de todos los días que más les guste comer)?
13. ¿Cómo reconoce los signos de estrés en su familia y qué hace respecto a ellos?

¿Sabía usted? Una buena dieta balanceada es como construir una fogata con troncos en lugar de palos; su fuego arderá más grande y por más tiempo.

Muchas personas ansían el **azúcar**, **la cafeína** o **los refrigerios altamente procesados** cuando se sienten estresadas, cansadas o "deprimidas". Estos proporcionan energía rápida o placer. Pero también pueden causar un choque cuando la energía se acaba, haciendo que la energía o el estado de ánimo sea peor. O tal vez se salten las comidas cuando están ansiosas, cansadas o apuradas. Esto puede causar también choques de estado de ánimo o energía y pueden llevar a comer de más comida no saludable más adelante.

☑ *Mejore su estado de ánimo y energía con buenos alimentos.*

Una dieta rica en **grasas saludables** y **fibra**, tal como las encontradas en granos integrales, nueces y semillas, le ayuda a mantenerse lleno por horas para que su energía no se desplome. **La proteína** lo satisface y le proporciona aminoácidos necesarios para estados de ánimo estables.

Las vitaminas y **los minerales** de frutas y vegetales coloridos pueden ayudar al cuerpo a mantenerse fuerte y adaptarse al estrés. Por ejemplo:

» **Las vitaminas A** y **C** se encuentran en muchas frutas y vegetales rojas y anaranjadas. Estas lo protegen de enfermedades así como también combaten la inflamación (irritación) para que su cuerpo se sienta al máximo.

» **Las vitaminas B** son conocidas como "vitaminas del estrés" porque son muy importantes para ayudar a su cuerpo a adaptarse a los cambios. Estas se encuentran en hojas verde oscuro, así como en nueces, semillas, granos integrales y algunos productos animales.

Hay muchas más vitaminas y minerales que se encuentran en frutas y vegetales. Es por esto que los doctores recomiendan: "**¡Comer frutas y vegetales de todos los colores todos los días!**"

Si se siente con poca energía, desconcentrado, con cambios en el estado de ánimo o agitado, trate de hidratarse. **El agua** ayuda a llevar los nutrientes a sus músculos para que su cuerpo pueda sentirse más energizado. También, su cerebro es en su mayoría agua, así que beber agua puede ayudar a:

» mejorar la concentración, memoria y aprendizaje

» balancear su estado de ánimo y emociones

Comer refrigerios o comidas balanceadas regularmente durante su día puede ayudar a evitar que su energía y estado de ánimo se desplomen.

☑ *Ahora lea acerca de algunas personas que luchan con estado de ánimo y energía, en la siguiente página.*

¿Qué consejo les daría a las personas abajo?

Alicia trata de ser consciente acerca de su salud, pero ella está muy ocupada y estresada como madre soltera de gemelos varones de 10 años. Ella se come un pedazo de fruta antes del trabajo y algunas veces compra una sopa o ensalada para el almuerzo. En la tarde, ella compra un moka helado grande para un impulso de energía para terminar su día laboral, recoge a sus hijos en la escuela y prepara la cena. Sin embargo, ella tiene tanta hambre al llegar la noche que, además de su propia cena, tiende a comer las sobras de sus hijos y luego come frituras o galletas mientras lava los platos. Algunas veces ella tiene dificultad para conciliar el sueño, aun después de su día atareado.

¿Cuáles son algunas formas saludables en las que Alicia puede mejorar su energía para sobrellevar el día?

- ☐ Comidas más grandes y balanceadas temprano en el día.
- ☐ Mantener refrigerios saludables cerca, como nueces o vegetales cortados, para que pueda comerlos en la noche en lugar de frituras.
- ☐ Evitar las bebidas con cafeína y las golosinas con azúcar de la noche para un sueño más reparador.
- ☐ Algo más: ____________________________

Mark está orgulloso de su habilidad para trabajar largas horas y mantener a su familia, incluyendo a sus hijos y a su madre de edad avanzada que vive con ellos. Pero todos los días, cuando su alarma suena a las 6 a.m., él está de mal humor. A él no le gusta desayunar temprano, así que toma un café grande y espera hasta su hora de almuerzo en el trabajo a la 1 p.m. para comer. Luego sale a comprar su comida favorita: quesoburguesas, papas fritas y una Coca-Cola de dieta. Después se siente mucho mejor por un rato. Pero para la mitad de la tarde, está de mal humor de nuevo. Bebe refrescos carbonatados durante el día cuando tiene sed. Para el momento en el que se va a casa del trabajo, alrededor de las 10 p.m., está extremadamente hambriento pero no tiene la energía para preparar una comida; en su lugar come un gran bol de cereal antes de dormirse frente a la televisión.

¿Qué podría hacer Mark para tener estados de ánimo más estables durante el día?

- ☐ Tener un desayuno ligero, pero nutritivo, tal como un yogurt o cereal integral.
- ☐ Beber más agua durante el día en lugar de bebidas con cafeína.
- ☐ Mantener algunas comidas saludables para microondas o sopas en lata a la mano para comer algo en la noche en lugar de cereal.
- ☐ Algo más: ____________________________

☑ ***Ahora escriba un estudio de casos acerca de usted mismo en el estilo de los mencionados arriba.***

¿Cuáles son sus desafíos en cuanto a energía y estado de ánimo? ¿Qué parte desempeñan sus hábitos alimenticios y de bebida? Si puede, piense en una o dos maneras simples en las que podría mejorar su estado de ánimo y energía.

Cierto estrés es normal y no necesariamente dañino. Pero el estrés empieza a dañar nuestra salud cuando es recurrente o prolongado durante un largo período de tiempo.

El estrés tóxico es la respuesta del cuerpo al estrés severo o duradero. Esto podría conocerse también como estrés crónico. Cuidar de nosotros mismos y de nuestras familias con gentileza y compasión puede ayudar a reducir los efectos del estrés tóxico y crear resiliencia. Podría haber muchas causas de estrés tóxico.

Por ejemplo, el estrés tóxico puede ocurrir cuando usted:

» se siente inseguro en el hogar, en el trabajo, o en la escuela
» experimenta violencia o amenazas de violencia
» tiene problemas para pagar sus cuentas o encontrar suficientes alimentos para comer regularmente
» tiene un miembro de la familia cercano que se encuentra encarcelado
» se preocupa por tener un lugar en donde vivir
» usted o un miembro de su familia tiene una mala salud o es discapacitado
» no tiene un cuidador o sistema de apoyo confiable

Viviendo con estrés tóxico

Podría ser difícil reconocer que estos síntomas en niños y adultos son el resultado de estrés tóxico. Crecer o vivir con estrés tóxico puede causar respuestas al estrés, tales como:

» sentirse abrumado fácilmente y sentirse incapaz de sobrellevar la situación
» agresión o "cerrarse"/retirarse
» "insensibilizarse" con sustancias o actividades (incluyendo con medios de comunicación y pantallas)
» interrupción de hormonas que puede llevar a pubertad temprana, ganancia excesiva de peso y otros problemas de salud
» presión arterial alta, diabetes o enfermedad cardiaca
» problemas para concentrarse o aprender
» cambios en el estado de ánimo
» problemas de sueño
» comer de más o desórdenes alimenticios
» comportamientos compulsivos o adicciones
» miedo y ansiedad
» enfermedades frecuentes o crónicas
» resfriados, dolores de cabeza o dolor crónicos

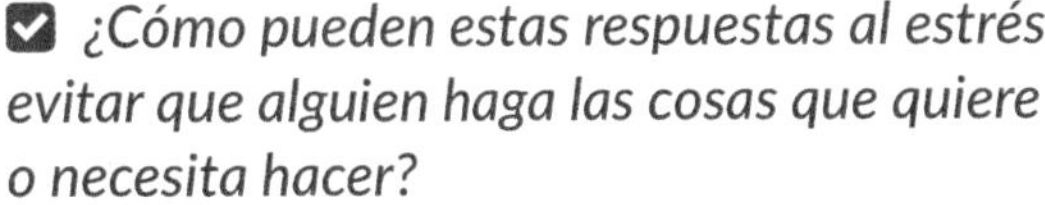

¿Cómo pueden estas respuestas al estrés evitar que alguien haga las cosas que quiere o necesita hacer?

Prestar cuidados y estrés tóxico

Prestar cuidados es un trabajo continuo y demandante. Aquellos que han experimentado estrés tóxico pueden encontrar aun más difícil permanecer en calma y sobrellevar la situación. Sus mentes y cuerpos pueden responder a pequeños problemas como si fueran grandes problemas. Podrían sentirse ansiosos, amenazados e hipervigilantes aun cuando se encuentren en un lugar seguro y calmado. Si alguien está cuidando de niños que también están estresados, podría sentirse aún más abrumado por los síntomas y comportamientos de los niños. El estrés crónico/tóxico en un adulto también podría llevar a:

- una capacidad limitada de responder a las necesidades sus hijos o su familia
- dificultad para modelar buenas destrezas y comportamientos para los niños
- dificultad para cuidar su propia salud y bienestar
- problemas de memoria y concentración
- hábitos alimenticios irregulares o comer en exceso (especialmente alimentos grasosos o con azúcar)

Dormir, ejercitarse, una buena nutrición, relaciones amorosas y conectarse con otros pueden todos ayudarlo a reducir los efectos sobre su salud y la de sus seres queridos.

Lluvia de ideas: Respondiendo al estrés tóxico

1 ¿Cuáles son algunas maneras en las que el estrés tóxico puede afectar la manera en que una persona se nutre a sí misma?

2 ¿Entender su respuesta al estrés podría ayudarlo a cuidar mejor de su salud y bienestar o el de su familia? ¿Cómo?

3 ¿Cuáles son algunas maneras positivas en las que podemos usar los alimentos o los tiempos de comidas para ayudarnos o ayudar a nuestras familias a lidiar con el estrés tóxico? ¿Cuáles son algunas maneras no relacionadas con alimentos?

☑ *Hay maneras de obtener apoyo para que pueda reducir el impacto del estrés tóxico sobre su salud y su familia:*

- Si usted o sus hijos tienen o están lidiando con los efectos de estrés tóxico, es importante que obtenga ayuda y apoyo. Hable con su doctor o un consejero.
- Muchas áreas tienen servicios del 211 o 311 que pueden conectarlo con servicios tales como asistencia de alimentos, asistencia de vivienda y asistencia legal.
- Revise stresshealth.org y acesconnection.com para obtener más información acerca del estrés tóxico y la adversidad.

PREGUNTAS DE CONVERSACIÓN: CREANDO UN AMBIENTE DE AMOR CON LA COMIDA

1. ¿Cuáles son sus rituales en los tiempos de comida?
2. ¿Qué tipo de ambiente para comer disfruta más su familia?
3. ¿Qué comidas le evocan "amor"?
4. ¿Hay comensales quisquillosos en su hogar? ¿Qué ayuda y qué no ayuda?
5. ¿Sobre qué le gusta hablar a su familia cuando está comiendo o pasando tiempo juntos?
6. ¿Qué pasa cuando a un miembro de la familia no le gusta algo que está siendo servido para la cena?
7. ¿Cómo sabe cuándo la comida es preparada u ofrecida con amor?
8. ¿Los miembros de la familia comparten las responsabilidades de la preparación de la comida o de limpiar?
9. ¿Cuáles oportunidades tiene su familia de tener una comida juntos? ¿Qué puede interponerse en comer juntos?
10. ¿Qué hace atractiva una mesa para cenar?
11. ¿Cómo empieza su familia una comida? ¿Cómo sabe cuándo ha terminado la hora de la comida?
12. Describa un platillo que le guste que alguien más en su familia prepara.
13. ¿Qué hace cuando a todos en su hogar les gusta o comen cosas diferentes?
14. ¿Cómo celebra su familia con alimentos? ¿Y sin alimentos?

PREPARACIÓN DE ALIMENTOS: ES UN ASUNTO FAMILIAR

Es más probable que los niños prueben comidas que han ayudado a elegir y a preparar. (¡Los adultos también!) Revise estos consejos para involucrar a toda la familia en la planificación y preparación de comidas. Marque cualquiera que podría hacer con las personas en su hogar.

PREESCOLARES

- ☐ untar mantequilla de nueces o queso crema sobre el pan
- ☐ ayudar a lavar los vegetales y las frutas
- ☐ ayudar a seleccionar alimentos en la tienda de abarrotes
- ☐ llevar artículos irrompibles hacia y desde la mesa
- ☐ servirse en la mesa (con ayuda)
- ☐ verter líquidos a las masas (usted mide)
- ☐ combinar o mezclar masas, u otros ingredientes húmedos o secos
- ☐ amasar la masa del pan; presionar cortadores de galletas sobre la masa o pan
- ☐ usar una esponja húmeda para limpiar mostradores, mesas y sillas después de comer

☼ **Recuerde:** *Usted decide qué y cuándo comen los niños, ellos deciden cuánto. Es más probable que los niños desarrollen buenos hábitos alimenticios cuando son más capaces de manejar sus propios apetitos. ¡Los nuevos alimentos toman tiempo; la paciencia y exposición repetida funcionan mejor que la presión!*

NIÑOS DE ESCUELA PRIMARIA

- ☐ decirles a los otros miembros de la familia qué hay en una receta, o por qué los alimentos son saludables
- ☐ practicar el corte de ingredientes más suaves con un cuchillo para mantequilla, un cuchillo de plástico fuerte o hasta un cuchillo de pelar (supervise cuando usen cuchillos filosos)
- ☐ rallar o hacer puré de frutas, vegetales y granos suaves; exprimir limones o limas; romper los huevos
- ☐ servirse ellos mismos y a otros en la mesa
- ☐ empezar a leer las recetas y medir con tazas y cucharas
- ☐ empezar a aprender los fundamentos sobre la estufa y el horno (con supervisión)
- ☐ poner o limpiar la mesa; ayudar a limpiar, secar y guardar los platos

☼ **Recuerde:** *Permita que sus hijos sean "quienes escogen los productos agrícolas" al elegir las frutas y vegetales en la tienda. Trate de reintroducir alimentos que pudieran no haberles gustado cuando eran más pequeños. A medida que crecen, ellos son más capaces de comer alimentos con sabores más fuertes.*

NIÑOS MÁS GRANDES, ADOLESCENTES Y ADULTOS

- ☐ encontrar y elegir recetas; preparar una comida completa; ayudar a planificar las comidas
- ☐ ayudar con la compra de abarrotes, incluyendo hacer una lista y presupuesto
- ☐ picar ingredientes con un cuchillo (supervise según sea necesario)
- ☐ usar aparatos de cocina
- ☐ leer etiquetas de alimentos para ingredientes, nutrientes y declaraciones de salud
- ☐ poner/limpiar la mesa; lavar, secar y guardar los platos

☼ **Recuerde:** *Los jóvenes son naturalmente curiosos acerca de cocinar y les gusta ser creativos. Esto puede parecer una molestia a ratos, pero significa que están prestando atención a los alimentos, ¡lo cual es saludable a largo plazo!*

CUALQUIERA

- ☐ bendecir la mesa o dar gracias por una comida
- ☐ decorar o hacer que la mesa se vea especial
- ☐ guardar dispositivos tecnológicos durante la hora de la comida
- ☐ esperar a que otros se sientan y sirvan antes de empezar a comer

---

☑ *¿Cuáles ideas agregaría?*

1. ¿Cuál es la situación más desafiante o estresante acerca de ir a la tienda de abarrotes?
2. ¿Cuál es la experiencia o el evento de comer fuera del hogar favorito de su familia?
3. ¿Cómo son sus decisiones sobre alimentos diferentes cuando come dentro y fuera del hogar?
4. ¿Le importan los nombres de las marcas cuando hace las compras de abarrotes?
5. ¿Cómo influye el dinero en sus elecciones de alimentos fuera del hogar?
6. Cuando se siente estresado en la tienda de abarrotes o en un restaurante, ¿qué puede ayudarlo?
7. ¿Cómo influye la etiqueta o el empaque de un producto alimenticio en su decisión de comprarlo?
8. ¿Qué es lo más importante que hace para mantenerse dentro de su presupuesto para alimentos?
9. ¿Cómo piensa que la publicidad afecta sus hábitos de compra o alimentación?
10. ¿Qué puede hacer de comer fuera del hogar una experiencia estresante?
11. ¿Cuál de estos es más importante para usted: servicio al cliente, calidad de los alimentos o asequibilidad?
12. ¿Qué hace y qué ansía más su familia cuando comen fuera del hogar?
13. ¿Usted o alguien en su familia hace la lista de compras o planea sus comidas antes de tiempo? ¿Ve alguna ventaja o desventaja?
14. ¿Se siente seguro o exitoso cuando hace las compras de abarrotes? ¿Cuáles son sus mejores estrategias?

SEA MÁS ASTUTO QUE LA TIENDA DE ABARROTES

¿Cómo moldea sus elecciones la disposición de la tienda de abarrotes?
¿En dónde se encuentran los alimentos más saludables?
¿Los productos que se encuentran al final de los pasillos están siempre en oferta?
¿Por qué se encuentran los dulces y revistas siempre cerca de la caja registradora?
¿Qué tipos de alimentos piensa que generan mayores ganancias a la tienda?

CONSEJOS

☐ **Haga un plan, venga con una lista.** Planificar sus comidas antes de tiempo y usar una lista de compras ahorra tiempo, ahorra dinero y motiva a comer de manera más saludable.

☐ **Compare precios unitarios.** Los precios unitarios le permiten comparar el precio de dos paquetes que pueden contener una cantidad diferente de alimento. Los empaques más grandes con frecuencia tienen precios unitarios más bajos; sin embargo, asegúrese de considerar si podrá comer la cantidad completa antes de que caduque.

☐ **Mire hacia arriba y mire hacia abajo.** Los productos más caros o rentables son colocados con frecuencia justo a la altura de la vista. Mire en las repisas más altas y más bajas para ver si hay alternativas más baratas. También, tenga cuidado de los exhibidores especiales al final del pasillo. Eso no significa que estén en oferta. Algunas veces solo están allí para que usted los compre.

☐ **Compare marcas.** Las marcas de la tienda y productos genéricos son con frecuencia idénticos a los productos de marca en todo menos el precio. Vea la lista de los ingredientes para comparar.

☐ **Los cupones y ofertas pueden valer la pena... algunas veces.** Los cupones y especiales pueden ser una buena manera de ahorrar dinero, cuando los usa de manera inteligente. Apéguese a comprar artículos en oferta que ya se encuentren en su lista.

☐ **No pague por calorías vacías e ingredientes de baja calidad.** Los alimentos procesados con frecuencia contienen ingredientes que no cuestan mucho dinero al fabricante, pero les pueden generar una gran ganancia. Mucha de la comida chatarra se enmascara como saludable con etiquetas frontales del empaque sin significado, como "natural". Recuerde leer las etiquetas.

¿Cómo piensa que el diseño o fraseo en la parte frontal del empaque trata de influirlo para comprarlo? ¿Mira usted las etiquetas en los empaques de alimentos cuando está comprando? ¿Qué busca normalmente? ¿Cuál es el artículo más útil que usted busca?

☑ *Use este glosario para explorar los términos generalmente encontrados en una etiqueta de información nutricional.*

1. **azúcares**: una forma de carbohidrato que proporciona energía instantánea. *Los alimentos procesados pueden tener cantidades no saludables de azúcares añadidos*
2. **calorías**: la energía proporcionada por un alimento. *Comer más calorías que las que su cuerpo usa conlleva a subir de peso.*
3. **carbohidrato**: un nutriente con calorías. Esta es la fuente principal de energía del cuerpo. *Los alimentos que contienen carbohidratos con fibra proporcionan energía de mayor duración.*
4. **fibra**: una forma de carbohidrato que transporta aguas y desechos a través del cuerpo. *La fibra le ayuda a sentirse satisfecho por más tiempo, ayuda a reducir el colesterol y controla los niveles de azúcar en la sangre.*
5. **granos integrales**: granos que no han tenido nada eliminado en el procesamiento. *Estos tienen más vitaminas, minerales y fibra que los granos blancos "refinados", como la harina blanca y el arroz blanco.*
6. **grasa**: un nutriente que proporciona una forma concentrada de energía, ayuda a absorber otros nutrientes, y ayuda a construir/reparar muchas partes del cuerpo. *Los alimentos altos en grasas también son altos en calorías. Los alimentos etiquetados como bajos en grasa, reducidos en grasa o libres de grasa pueden contener azúcares añadidos u otros ingredientes para compensar la pérdida de textura o sabor.*
7. **libre de gluten**: alimentos sin gluten, un tipo de proteína encontrada en algunos granos (especialmente trigo). *Algunas personas no pueden digerir gluten de manera apropiada o son alérgicos.*
8. **libre de GMO**: un alimento sin ingredientes que tuvieron su material genético manipulado artificialmente para producir organismos modificados genéticamente. *Algunas personas eligen alimentos libres de GMO por preocupación de posibles efectos desconocidos en la tierra y en la salud humana.*
9. **orgánico**: alimentos que son cultivados y procesados sin el uso de químicos. *Las personas pueden elegir alimentos orgánicos para evitar químicos para ellos, o para proteger de los químicos a los trabajadores de fincas y la tierra.*
10. **proteína**: un nutriente que forma los cimentos de las células, músculos y tejidos. *Además de los alimentos animales, muchos alimentos vegetales también contienen proteína.*
11. **sodio, también conocido como "sal"**: un mineral que el cuerpo necesita en pequeñas cantidades. *Demasiado sodio no es saludable para personas con presión arterial alta. Los alimentos procesados con frecuencia contienen mucho sodio.*
12. **vegano**: alimentos sin ningún producto animal (incluyendo huevos o lácteos) y producidos sin dañar a los animales.
13. **vitaminas y minerales**: compuestos que el cerebro y el cuerpo necesitan en pequeñas cantidades para funcionar bien. *Los alimentos naturales y alimentos con procesamiento mínimo contienen más vitaminas y minerales.*

ENLATADO, EN CAJA Y EN BOLSA

¿Sabe cómo realizar elecciones saludables respecto a los alimentos empacados?

1 ¿Sabe de qué planta o animal provino?

Elija alimentos elaborados con ingredientes que puede imaginar en su estado crudo o creciendo en la naturaleza. Si ve algo que no puede pronunciar y piensa que fue creado en un laboratorio, tenga cuidado.

2 No se deje engañar por fabulosas declaraciones de salud o eslóganes en el empaque.

Esto puede distraerlo de algo menos saludable, tal como alto contenido de sodio o de azúcar.

3 Evite alimentos con azúcar enumerado entre los primeros tres ingredientes.

También, busque los "azúcares añadidos" en la etiqueta de información nutricional. Sepa que el azúcar puede tener una variedad de nombres. Vea algunos ejemplos en la lista. >

4 Busque los alimentos 100% integrales.

Busque la etiqueta de grano integral o la palabra "integral" en el primer ingrediente. Ejemplos incluyen: trigo integral, avena integral, maíz integral y arroz integral.

PALABAS PARA AZÚCAR

» Miel
» Azúcar morena
» Dextrosa
» Sacarosa
» Jarabe de maíz con alto contenido de fructosa
» Concentrado de jugo de fruta
» Malta de cebada
» Jugo de caña
» Melaza
» Jarabe de arroz integral
» Glucosa
» Caramelo

PREGUNTAS DE CONVERSACIÓN: NUTRIRSE EN NUESTRAS COMUNIDADES

1. Describa su comunidad. ¿Qué le da un sentido de pertenencia a su comunidad?
2. ¿De dónde obtiene alimentos saludables asequibles en su comunidad? ¿Son fáciles o difíciles de encontrar?
3. ¿Quién en su comunidad puede estar teniendo dificultad en conseguir buenos alimentos? ¿Qué recursos están disponibles para ellos?
4. ¿Su vecindario le proporciona los tipos de tiendas de alimentos y restaurantes que desea? ¿Qué tipos de tiendas o restaurantes le gustarían para su comunidad?
5. ¿En dónde busca información acerca de salud y nutrición?
6. ¿Qué piensa acerca de la información de nutrición y salud y los recursos que están disponibles en su comunidad? ¿Son útiles?
7. ¿Los alimentos desempeñan una parte en construir y conectar su comunidad? ¿Cómo?
8. ¿Dónde y cuáles clases de publicidad de alimentos observa en su vecindario? ¿Qué mensajes le transmiten a usted y a sus vecinos?
9. ¿Confía lo suficiente en su doctor como para compartir sus preocupaciones de nutrición, tales como peso, dieta, condiciones de salud u obtener suficientes alimentos?
10. ¿Cuáles son algunas "señales de alerta" para identificar la información nutricional o consejo que no es bueno?
11. ¿Cómo hablan las personas en su vida o comunidad acerca del peso, dieta, nutrición o alimentos? ¿Se siente positivo o negativo acerca de estas conversaciones?
12. ¿Qué piensa que es su mayor problema con alimentos o nutrición que su comunidad enfrenta?
13. ¿Qué haría para ayudar a su comunidad a volverse más saludable o mejorar su vitalidad?
14. ¿Qué podrían hacer los líderes comunitarios, organizaciones, negocios o instituciones para ayudar a su comunidad a ser más saludable y a mejorar su vitalidad?

EL ESCUDO DE ARMAS DE MI FAMILIA

¿Qué simboliza los valores y creencias que son significativas para usted y para su familia?

☑ *En la Europa medieval, el escudo de armas era utilizado en las batallas por las familias de la nobleza. Diseñe un escudo de armas para usted y su familia, para representar los valores, creencias, destrezas, fortalezas y prácticas que son importantes para usted, para mantenerlo y mantener a su familia nutrida, saludable y resiliente.*

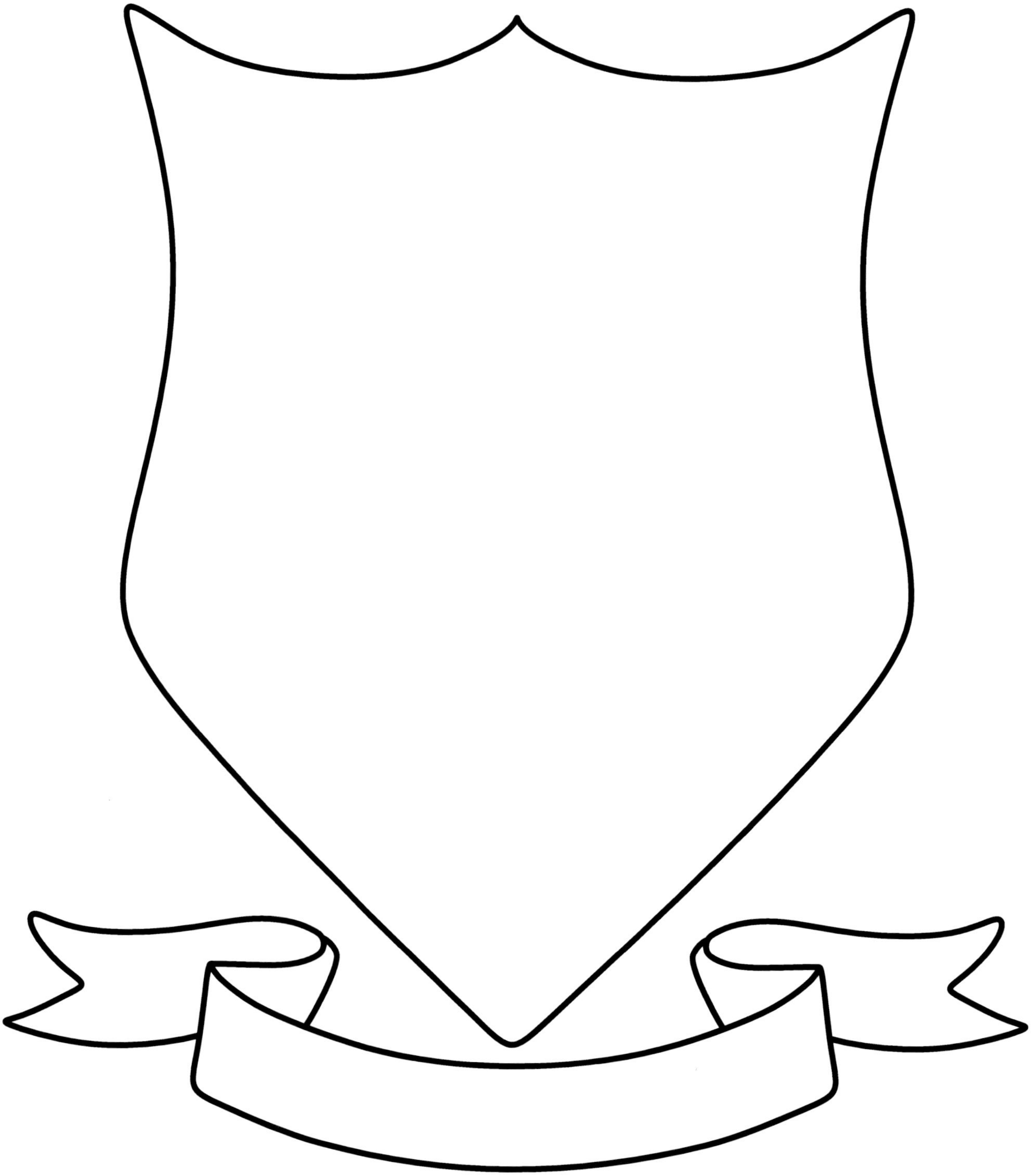

RECETAS Y PLANIFICACIÓN DE MENÚ

ÍNDICE DE RECETAS PARA TODA LA FAMILIA

El arco iris de frutas y vegetales

Granos integrales deliciosos

Desayunos saludables

Reconsidere su bebida, golosinas y refrigerios (reduciendo azúcares añadidos, sal y grasa)

Comidas saludables de un solo plato

Niños en la cocina: Recetas simples para jóvenes cocineros

Alimentos integrales en lugar de comidas rápidas

Escriba su propia receta

PLANIFICACIÓN DE COMIDAS	LISTA DE COMPRAS					PRESUPUESTO	
Receta/platillo	Productos agrícolas	Carne	Lácteos	Seco, enlatado, en caja	Otros	Costo total	Costo por persona

PLANIFICACIÓN DE COMIDAS	LISTA DE COMPRAS					PRESUPUESTO	
Receta/platillo	Productos agrícolas	Carne	Lácteos	Seco, enlatado, en caja	Otros	Costo total	Costo por persona

PLANIFICACIÓN DE COMIDAS	LISTA DE COMPRAS					PRESUPUESTO	
Receta/platillo	Productos agrícolas	Carne	Lácteos	Seco, enlatado, en caja	Otros	Costo total	Costo por persona

BOCADOS PEQUEÑOS DE TOMATE

Listo en 15 min. **Porciones** 6

Con ingredientes de tres de cinco grupos de alimentos, esta receta crea un refrigerio balanceado o una comida ligera. Puede sustituir con 2 cucharaditas de orégano seco si la albahaca fresca no está disponible.

Ingredientes

12 rodajas de pan francés (4 pulgadas)
¼ taza de queso mozzarella bajo en grasa rallado
5 tomates pequeños, *cortados en cuadros muy pequeños*
½ cdita. de pimienta negra
¼ cdita. de sal
8 hojas de albahaca, *picada*

Instrucciones

1. Precaliente el horno a 300 °F.
2. Coloque una capa delgada de queso mozzarella en cada rodaja de pan.
3. Tueste las rodajas de pan francés en el horno hasta que el queso se derrita, alrededor de 5 a 8 minutos.
4. Mezcle los tomates en cuadritos, pimienta, sal y albahaca.
5. Coloque los tomates en cuadritos sobre las tostadas. Sirva inmediatamente.

Información nutricional *por porción de 2 rodajas*

Calorías totales: 190
Carbohidratos: 33 g
Grasa total: 3 g
Grasa saturada: 1 g
Proteína: 9 g
Fibra: 2 g
Sodio: 443 mg

¿Cómo adaptaría esta receta para su familia?

¿Cómo podrían ayudarlo los miembros de la familia con esta receta?

¿Qué podría servir con esto para convertirlo en una comida?

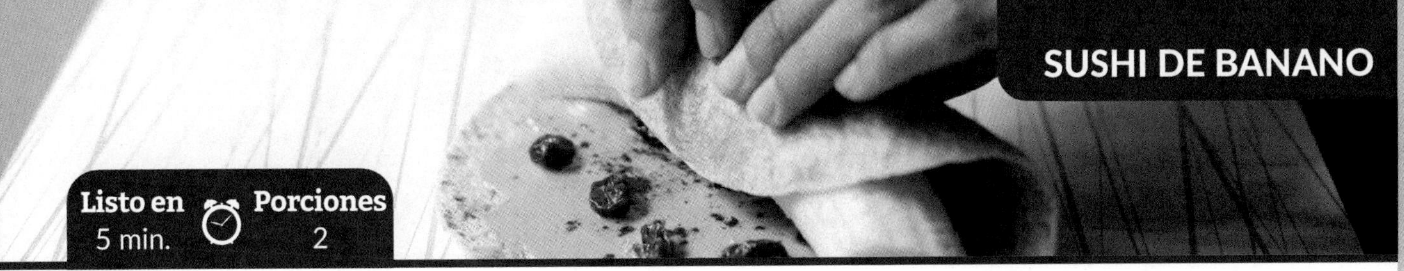

SUSHI DE BANANO

Listo en 5 min. **Porciones** 2

Este platillo sencillo hace una excelente comida o refrigerio para cualquier hora del día. Satisface más y proporciona energía de mayor duración que algunos otros refrigerios o desayunos comunes. El pan y las tortillas integrales contienen más fibra que los fabricados de harina blanca. Es por eso por lo que los alimentos integrales, como las tortillas en esta receta, pueden ayudarlo a mantenerse lleno por más tiempo. Lea las listas de ingredientes para identificar alimentos integrales; debería ver la palabra "integral" en el primer ingrediente, por ejemplo, "harina integral" o "avena de grano integral".

Ingredientes

- 1 tortilla de trigo integral suave (8 pulgadas)
- 2 cdas. de mantequilla de maní completamente natural
- Canela al gusto
- 1 banano, *pelado*
- 1 cda. de pasitas o nueces picadas (opcional)

Instrucciones

1. Unte una capa de mantequilla de maní sobre la tortilla. Deje un espacio en la orilla, más o menos del ancho de la punta de su dedo.
2. Rocíe con pasitas o nueces, si las está usando.
3. Espolvoree la canela sobre la mantequilla de maní.
4. Coloque el banano pelado en el centro de la tortilla.
5. Enrolle la tortilla de forma ajustada.
6. Corte en 8 pedazos.

❋ ***Consejo:*** *Trate de encontrar una mantequilla de maní con nada más en ella que maní y sal. Evite la mantequilla de maní con aceite o azúcar añadidos.*

Información nutricional *por porción de 4 pedazos*

Calorías totales: 232
Carbohidratos: 31 g
Grasa total: 11 g
Grasa saturada: 3 g
Proteína: 7 g
Fibra: 5 g
Sodio: 185 mg

¿Cómo adaptaría esta receta para su familia?

¿Cómo podrían ayudarlo los miembros de la familia con esta receta?

¿Cuáles son otros alimentos integrales que su familia come o estaría dispuesta a probar?

TOSTADA DE FRIJOLES NEGROS Y VEGETALES

Listo en 25 min. **Porciones** 5

Estas coloridas tostadas son casi como tacos de comida rápida, ¡excepto que sabe exactamente qué hay en ellas! Los pimentones rojos (chiles morrones) y tomates son una buena fuente de vitamina C para su sistema inmune; los tomates y el cilantro proporcionan vitamina K para su sangre; y los frijoles proporcionan mucha fibra para mantenerlo satisfecho.

Ingredientes

- 1 cda. de aceite, *separada*
- ¼ taza de cebolla picada
- 1 pimentón (chile morrón) rojo, pequeño *en cuadritos*
- 1 taza de granos de maíz en lata, descongelados o frescos
- 1 zucchini (calabacín) mediano o calabacín amarillo, *en cuadritos*
- 3 dientes de ajo, *finamente picados*
- 1½ taza de frijoles negros refritos vegetarianos o frijoles pintos
- 5 tostadas de maíz crujientes para taco
- 4 tomates medianos, *picados*
- 1 cebolla morada pequeña, *picada*
- 1 manojo de cilantro, *picado*
- ½ taza de queso mexicano o queso feta suave, desmenuzado

Instrucciones

1. Caliente 2 cucharaditas de aceite en un sartén mediano. Agregue las cebollas, pimentones (chiles morrones), maíz y zucchini/calabacín amarillo. Cocine, mezclando ocasionalmente, hasta que los vegetales estén suaves, alrededor de 6 minutos. Coloque a un lado.
2. Caliente 1 cucharadita de aceite en un sartén mediano. Agregue el ajo picado. Cocine por 30 segundos. Agregue la lata de frijoles refritos. Mezcle los frijoles y el ajo juntos hasta que estén suaves y completamente calientes. Coloque a un lado.
3. Unte una capa delgada de la mezcla de frijoles y ajo sobre una tostada. Agregue una cucharada de los vegetales cocidos. Coloque encima los tomates, cebolla roja, cilantro y queso.
4. Cómalo tomando la tostada con ambas manos.

❋ ***Consejo:*** *Haga su propia tostada para taco: Coloque con suficiente distancia entre ellas 5 tortillas de maíz sobre una bandeja para hornear cubierta con papel aluminio Con una brocha de cocina, coloque sobre las tortillas una delgada capa de aceite y espolvoree con sal (opcional). Hornee las tortillas en un horno precalentado a 400 grados por aproximadamente cuatro minutos por lado, o hasta que estén crujientes y doradas en cada lado.*

Información nutricional *por tostada*

Calorías totales: 233
Carbohidratos: 37 g
Grasa total: 8 g
Grasa saturada: 2 g
Proteína: 8 g
Fibra: 7 g
Sodio: 467 mg
Azúcar añadido: <1g

¿Tiene algún amigo o miembros de la familia que podrían ser motivados a comer vegetales con esta receta?

¿A qué otras comidas favoritas podría agregarle vegetales frescos o frijoles?

¿Cómo podría cambiar esta receta si tuviera prisa?

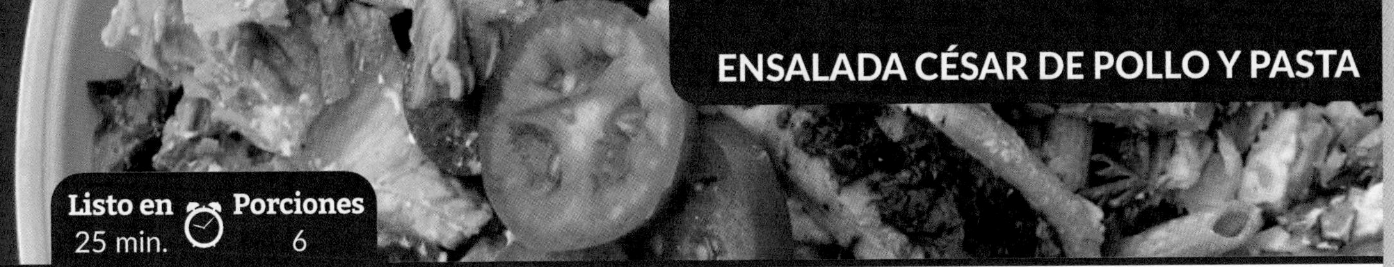

ENSALADA CÉSAR DE POLLO Y PASTA

Esta ensalada para comida es un éxito hasta con las personas que dicen no gustarles las ensaladas verdes. Puede sentirse bien acerca de servirla porque contiene los cinco grupos alimenticios, granos integrales y vegetales coloridos. También es una excelente manera de usar sobras de pollo. Si tiene comensales quisquillosos, mantenga los ingredientes separados y deje que cada uno arme su propia ensalada.

Ingredientes

- 3 tazas de pechuga de pollo asada o rostizada, *picada o desmenuzada*
- 2 tazas de pasta penne integral, seca
- 6 tazas de lechuga romana, *picada*
- 1½ tazas de tomatito cherry, cortados a la mitad
- ½ taza de albahaca fresca, *picada*
- ½ taza de cebollín (cebolla verde), *picada*
- ½ taza de perejil fresco, *picado*
- 3 onzas de queso feta, *desmenuzado*
- 2 dientes de ajo, *picados*
- ⅓ taza de aderezo César

Instrucciones

1. Cocine la pasta siguiendo las instrucciones del paquete, escúrrala y enjuáguela con agua fría.
2. En recipiente hondo grande: combine todos los ingredientes y mézclelos hasta que todos los ingredientes estén cubiertos con el aderezo.
3. Sirva inmediatamente.

Consejos: *Experimente con la ensalada...*
Sustituya la albahaca/perejil con cilantro
Sustituya el queso feta por alguno de su elección
Pruebe con un tipo de pasta diferente
Pruebe con su aderezo favorito
Pruebe con aceitunas en rodajas

Información nutricional *por ⅙ de porción*

Calorías totales: 346
Carbohidratos: 26 g
Grasa total: 14 g
Grasa saturada: 4 g
Proteína: 29 g
Fibra: 5 g
Sodio: 348 mg

¿Cómo adaptaría esta receta para su familia?

¿Cómo podrían ayudarlo los miembros de la familia con esta receta?

¿Piensa que los miembros de su familia notarían que esta receta es preparada con fideos integrales? ¿Por qué sí o por qué no?

ENVUELTOS DE LECHUGA CON POLLO

Listo en 20 min. **Porciones** 6

Comer frutas y vegetales de todos los colores es solamente una manera de obtener una variedad de vitaminas todos los días. En esta receta simple, el pollo molido es mezclado con vegetales coloridos, cocidos y envueltos en una crujiente lechuga verde. Los miembros de la familia disfrutarán de llenar sus propios envueltos de lechuga.

Ingredientes

1 libra de pollo molido
½ cebolla, *picada*
Sal y pimienta negra, *al gusto*
2 dientes de ajo picados o 1 cdita. de ajo en polvo
1 pulgada de jengibre, *pelado y picado* o ½ cdita. de jengibre en polvo
1 taza de apio, *picado*
1 zanahoria, *rallada*
¼ taza de aderezo de ajonjolí para ensalada o salsa teriyaki
12 hojas exteriores grandes de lechuga, *lavadas y secadas*
1 cdita. de chile (ají) rojo en polvo o chile (ají) rojo en hojuelas (opcional)
¼ taza de maní picado (opcional)

Instrucciones en estufa o sartén

1. Caliente 1 cda. de aceite en el sartén.
2. Agregue la cebolla y cocine por 3 minutos.
3. Agregue el ajo, el jengibre, el apio y el pollo molido.
4. Saltee hasta que el pollo esté cocido.
5. Agregue la zanahoria, el aderezo o salsa y las hojuelas de chile (ají) opcionales. Cocine por 2 minutos más.
6. Envuelva alrededor de ½ taza del relleno con una hoja de lechuga, como un taco. Espolvoree con el maní opcionalmente.

Instrucciones en microondas

1. Coloque en el microondas el pollo y la cebolla por 2 minutos.
2. Agregue y mezcle el ajo, el jengibre y el apio. Coloque en el microondas de 2 a 3 minutos más, hasta que esté cocido.
3. Agregue la zanahoria, el aderezo o salsa y las hojuelas de chile (ají) opcionales. Cocine por 2 minutos más.
4. Envuelva alrededor de ½ taza del relleno con una hoja de lechuga, como un taco. Espolvoree con el maní triturado opcionalmente.

❋ ***Consejo:*** *Puede hacer su propia salsa teriyaki. Caliente 2 cdas. de salsa de soya con 1 cda. de azúcar y 1 cda. de vinagre blanco en su microondas por alrededor de 1 minuto. Mezcle para disolver el azúcar.*

Información nutricional *por porción de 2 envueltos*

Calorías totales: 157 **Grasa total:** 10 g **Proteína:** 12 g **Sodio:** 183 mg
Carbohidratos: 6 g **Grasa saturada:** 2 g **Fibra:** 2 g

¿Cómo sabe cuándo están cocidas las carnes molidas?

¿Cuáles vegetales podría agregar para hacer este platillo aún más colorido?

TACOS SUAVES DE POLLO

Estos tacos son una elección nutritiva y sustanciosa para cualquiera que busca recortar carnes rojas o comidas rápidas saladas. Estos incluyen grasas saludables y buenas para el cerebro, provenientes de los aguacates, así como fibra, vitaminas y minerales de los vegetales coloridos.

Ingredientes

- 3 cdas. de vinagre balsámico
- 2 cdas. de chiles chiplote en lata en salsa de adobo, finamente picados
- 3 cditas. de sal de ajo
- 4 tazas de pollo cocido, sin piel, *picado o desmenuzado*
- 4 tazas de repollo rallado o mezcla de ensalada de repollo preparada
- 1 taza de cebolla morada, *en cuadritos finos*
- 16 tortillas de maíz (de 6 pulgadas)
- 1 taza de queso estilo mexicano o queso feta, *desmenuzado*
- 2 aguacates, *pelados, sin semilla, picados*

Instrucciones

1. En un recipiente hondo mediano, mezcle el vinagre balsámico, chiles chipotle y sal de ajo. Agregue el pollo, el repollo y la cebolla, mezcle bien.
2. Para calentar las tortillas, caliente en un sartén caliente por 1 minuto en cada lado. O coloque las tortillas en un plato grande y coloque encima una toalla de papel de cocina húmeda. Colóquelas en el microondas a temperatura alta por 2 minutos, o hasta que las tortillas estén calientes.
3. Agregue cucharadas del relleno en las tortillas calientes y coloque encima el queso y aguacate. Sirva inmediatamente.

✳ ***Consejo:*** *Puede sustituir la salsa en bote si no puede encontrar los chiles chipotle en lata en adobo.*

Información nutricional *por porción de 2 tacos*

Calorías totales: 340
Carbohidratos: 32 g
Grasa total: 12 g
Grasa saturada: 4 g
Proteína: 27 g
Fibra: 7 g
Sodio: 360 mg

¿Cómo adaptaría esta receta para su familia?

¿Por qué piensa que la comida rápida con frecuencia contiene más grasa, sal y azúcar que la hecha en casa?

¿Cuáles son algunas de las ventajas y desventajas de la comida rápida frente a la comida hecha en casa?

ENSALADA DE MAÍZ Y FRIJOL NEGRO

Listo en 10 min. **Porciones** 4

Los frijoles en lata crean una magnífica adición a las ensaladas. Son una manera poco costosa de agregar proteína a una comida y requieren poca preparación. Esta ensalada contiene frijoles negros y una mezcla de coloridos vegetales, para que tenga mucha fibra para mantenerlo satisfecho. Puede comerse como un acompañamiento o como una comida completa libre de carne. Pique los vegetales muy pequeños y también puede resultar en una excelente salsa.

Ingredientes

2 cdas. de aceite de oliva extra virgen
Vinagre de vino rojo, *al gusto*
Jugo fresco de lima, *al gusto*
½ taza de frijoles negros en lata, *escurridos y enjuagados*
½ taza de granos de maíz frescos, descongelados o en lata
½ taza de pimentones (chiles morrones) rojos o verdes, *picados*
½ taza de tomate, *picado*
½ taza de cebolla morada, *picada*
1 cdita. de comino
1 cdita. chile (ají)
½ cdita. de sal
½ cdita. de pimienta

Instrucciones

1. Mezcle los frijoles y vegetales en un recipiente hondo grande.
2. Agregue y combine con aceite de oliva, vinagre y jugo de lima.

Información nutricional *por porción de ½ taza*

Calorías totales: 122
Carbohidratos: 13 g
Grasa total: 7 g
Grasa saturada: 1 g
Proteína: 3 g
Fibra: 3.5 g
Sodio: 186 mg

¿Cuáles sabores resaltan cuando come esta receta? ¿Cuáles ingredientes "se mezclan"?

¿Cuáles son algunas adiciones o cambios divertidos que puede hacer a esta receta?

¿Cómo podría volver esto un platillo principal?

BURRITOS DE HUEVO

Listo en 30 min. **Porciones** 4

En lugar de comprar burritos congelados o de comida rápida, puede preparar su propio burrito con mucho más sabor y nutrientes. Estos burritos de huevo pueden ser congelados y recalentados para el desayuno, la cena, o cualquier otro momento en el que necesite una comida balanceada para llevar. ¡A los niños les encanta armarlos!

Ingredientes

- 3 cebollines (cebollas verdes), *en rodajas*
- 1 pimentón (chile morrón) rojo o verde, *en cuadritos*
- 1 diente de ajo, *finamente picado*
- 1 lata (15.5 onzas) de frijoles negros, sin sal añadida, *escurridos y enjuagados*
- 2 cditas. de aceite, *dividido*
- 4 huevos grandes
- ¼ taza de cilantro, *picado* (opcional)
- ¾ cdita. de comino molido, *dividido*
- ¼ cdita. de pimienta negra molida
- 4 tortillas de harina de trigo integral (de 8 pulgadas)
- ½ taza de queso cheddar bajo en grasa, *rallado*

❋ ***Notas:*** *Si duplica esta receta, no duplique el comino. También, cuando la receta dice "dividido" o "separado", significa que usará ese ingrediente en más de un lugar en el platillo, en lugar de todo de una sola vez.*

Instrucciones

1. Caliente aceite en un sartén mediano sobre fuego medio. Agregue los frijoles, el cebollín (cebolla verde), el pimentón (chile morrón) y el ajo. Cocine hasta que los pimentones (chiles morrón) estén suaves, alrededor de 3 minutos. Agregue ½ cucharadita de comino y pimienta negra molida. Transfiera la mezcla a un recipiente hondo.
2. En un recipiente hondo pequeño, rompa los huevos. Agregue el ¼ de cucharadita de comino restante. Bata ligeramente la mezcla con un tenedor.
3. Limpie el sartén con una toalla de papel de cocina. Caliente 1 cucharadita de aceite sobre fuego medio. Agregue la mezcla de huevo. Cocine, mezclando ocasionalmente, hasta que los huevos estén tan firmes como desee. Si usa cilantro, agregue ahora.
4. Agregue cucharadas de la mezcla de huevo en el centro de cada tortilla, dividiendo de manera equitativa. Agregue los frijoles y vegetales. Espolvoree con queso arriba.
5. Doble la tortilla sobre la mezcla y sirva.

❋ ***Consejos:*** *Los burritos pueden congelarse por hasta una semana. Envuelva ajustadamente en envoltura de plástico, cubra con papel aluminio y congele. Para recalentar, quite el papel aluminio y la envoltura de plástico. Coloque en el microondas por 1 ½ a 2 minutos, volteando como sea necesario. O, quite la envoltura de plástico y vuelva a cubrir en papel aluminio. Caliente en un horno tostador u horno normal a 300 °F por alrededor de 6 minutos.*

Información nutricional *por burrito*

Calorías totales: 350
Grasa total: 9 g
Proteína: 20 g
Sodio: 510 mg
Carbohidratos: 45 g
Grasa saturada: 1 g
Fibra: 9 g

¿Con qué pasos de la receta podrían ayudar los miembros de la familia?

Si no tiene suficiente dinero para todos los ingredientes, ¿qué dejaría por fuera?

¿Cómo podría ser esta receta más nutritiva que un burrito congelado?

TACOS DE PESCADO

Listo en 25 min.   **Porciones** 6

El pescado y mariscos, como los usados en esta receta, son una excelente fuente de proteína y grasas saludables. La mayoría de los mariscos pueden encontrarse congelados y son, con frecuencia, menos costosos que los frescos, pero igual de saludables. Los condimentos y complementos en este platillo lo convierten en una manera sabrosa de lograr que los miembros de la familia coman pescado. Sirva todos los complementos de forma separada para que todos puedan hacer sus tacos justo como les guste.

Ingredientes

- 1 libra de filetes de pescado blanco, tal como bacalao, *cortado en pedazos de 1 pulgada*
- 1 cda. de aceite de oliva
- 2 cdas. de jugo de limón
- 1 cda. de condimento para tacos
- 12 tortillas de maíz (de 6 pulgadas), *calentadas*
- 2 tazas de repollo morado o verde, *rallado*
- 2 tazas de tomates, *picados*
- ½ taza de yogurt griego simple o crema agria baja en grasa
- Salsa picante, *al gusto*
- Gajos de lima por porción (opcional)

Instrucciones

1. Caliente un sartén grande.
2. En un recipiente hondo mediano, combine el pescado, aceite de oliva, jugo de limón y el condimento para tacos.
3. Agregue al sartén y cocine, mezclando constantemente, sobre fuego medio-alto por 4 o 5 minutos, o hasta que el pescado se descascare fácilmente al probarlo con un tenedor.
4. Llene las tortillas con la mezcla de pescado.
5. Coloque el repollo, tomate, yogurt griego y salsa picante. Sirva con un gajo de lima para exprimir sobre el taco, si lo desea.

❋ ***Consejo:*** *Puede crear su propio condimento para tacos lleno de sabor mezclando chile (ají), ajo, cebolla, comino, pimentón español (paprika) en polvo, orégano seco y sal.*

Información nutricional *por porción de 2 tacos*

Calorías totales: 239
Carbohidratos: 32 g
Grasa total: 5 g
Grasa saturada: 1 g
Proteína: 19 g
Fibra: 4 g
Sodio: 247 mg

¿Cómo adaptaría esta receta para su familia?

¿Cómo sabe cuándo está completamente cocido el pescado?

¿Qué serviría junto con estos tacos?

VEGETALES FRESCOS Y SALSA

Listo en 10 min. **Porciones** 4

¿Hay algún refrigerio que lo satisfacen sin hacerlo sentir pesado? Las frutas y vegetales crudos son una manera ideal de reabastecer su energía entre comidas; son nutritivos y sustanciosos sin arruinar su apetito. Sin embargo, puede encontrarlos aburridos por su cuenta. De ser así, intente elevar los vegetales crudos con una salsa sencilla, tal como la de esta receta.

Ingredientes

- ½ taza de yogurt griego simple o crema agria baja en grasa
- ⅓ taza de salsa preparada
- 3 cdas. de cebollín (cebolla verde), *picado*
- ½ cdita. de sal de ajo
- 1 pimentón (chile morrón) rojo, *cortado en tiras*
- 2 tallos de apio, *cortados en palillos*
- 1 taza de zanahorias tiernas

Instrucciones

1. Coloque la crema agria, salsa, cebollines (cebolla verde) y sal de ajo en un recipiente hondo pequeño. Mezcle bien.
2. Sirva las tiras de pimentón (chile morrón), palillos de apio y zanahoria tiernas con la salsa.

Información nutricional *por porción de 1 taza*

Calorías totales: 66
Carbohidratos: 12 g
Grasa total: <1 g
Grasa saturada: <1 g
Proteína: 2 g
Fibra: 4.2 g
Sodio: 240 mg

¿Cuáles son algunas maneras de agregar sabor a las frutas y vegetales crudos?

Piense acerca de su vegetal crudo favorito. ¿Cómo podría preparar/almacenarlo para un refrigerio fácil?

POSTRE DE FRUTAS CRUJIENTE

Listo en 10 min. o más | **Porciones** 4

Avena, especies, fruta horneada con un toque de azúcar son un postre fácil para hacer para sus amigos y su familia. La mejor parte es que la fibra de la avena, la fruta y las nueces (si las utilizan) retrasan la absorción del azúcar, por lo que no tendrá una subida y desplome de azúcar como con otros postres. Coloque un poco de yogurt encima para hacerlo especial.

Ingredientes

- 4 tazas de fruta, *en cuadritos o rodajas*
- 4 cdas. de mantequilla suave o aceite
- 4 cdas. de azúcar morena
- 8 cdas. de avena en copos
- 4 cdas. harina de trigo integral
- 1 cdita. canela molida
- 6 cdas. de nueces, pacanas o almendras, *picadas* (opcionales)

Instrucciones en microondas

1. Coloque la fruta en un recipiente para microondas.
2. Use un plato que sea lo suficientemente hondo a modo que la capa de fruta sea de 1 pulgada en la parte inferior. Combine los demás ingredientes para preparar el complemento de avena y colóquelo sobre la fruta.
3. Coloque al microondas en alto de 1 a 5 minutos, o hasta que la fruta esté tan suave como le guste.

Instrucciones en horno

1. Coloque la fruta en la parte inferior de un platillo para hornear.
2. En un recipiente hondo separado, mezcle la mantequilla/aceite, avena, azúcar morena, harina, canela y nueces.
3. Espolvoree la mezcla sobre la fruta.
4. Hornee a 375 °F por 45 minutos, o hasta que la parte superior esté dorada.

Consejo: *La fruta congelada funciona bien en esta receta. Solamente asegúrese de descongelarla antes de usarla. O puede usar fruta en lata que ha sido enjuagada para eliminar el azúcar.*

Información nutricional *por porción de 1 taza*

Calorías totales: 336
Carbohidratos: 48 g
Grasa total: 15 g
Grasa saturada: 1 g
Proteína: 5 g
Fibra: 6 g
Sodio: 6 mg

¿Qué tipo de fruta piensa que funcionaría mejor en esta receta?

¿Cómo podrían ayudarlo los miembros de la familia con esta receta?

¿Qué postres especiales disfruta su familia?

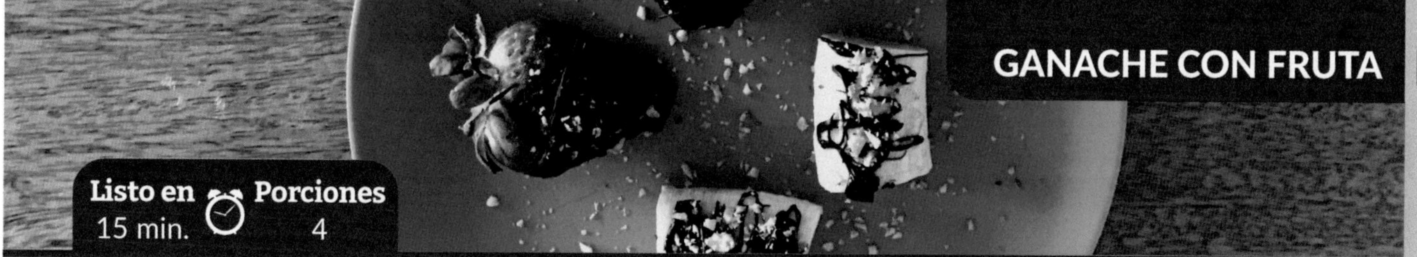

GANACHE CON FRUTA

La fruta fresca, al comerla en la temporada, es con frecuencia lo suficientemente dulce para crear un postre sustancioso. Si desea elevarlo, sin embargo, esta receta para fruta fresca con un chorrito de chocolate tiene todavía mucha menos azúcar añadida que los dulces procesados, pastelería o helado.

Ingredientes

2 cdas. de chispas de chocolate semiamargo
2 bananos grandes, *pelados y cortados en cuartos*
8 fresas grandes
¼ taza de coco tostado sin sal o nueces picadas sin sal (opcional)

Instrucciones

1. Coloque las chispas de chocolate en un recipiente hondo pequeño para microondas. Caliente en temperatura alta por 10 segundos y revuelva. Repita hasta que el chocolate esté derretido, alrededor de 30 segundos.
2. Coloque la fruta en una bandeja pequeña cubierta con un pedazo de papel de cera. Use una cucharada para dejar caer un chorro de chocolate derretido sobre la fruta.
3. Espolvoree la fruta con el coco o nueces picadas.
4. Cubra la fruta y coloque en el refrigerador por 10 minutos o hasta que el chocolate se endurezca. Sirva frío.

Información nutricional *por porción de 4 pedazos*

Calorías totales: 112
Carbohidratos: 25 g
Grasa total: 2 g
Grasa saturada: 1 g
Proteína: 1.6 g
Fibra: 4.7 g
Sodio: 238 mg

¿Qué otras frutas utilizaría en su hogar en esta receta?

¿Cómo podrían ayudarlo los miembros de la familia con esta receta?

¿Cuáles son las comidas con azúcares naturales? ¿Cómo puede identificar los alimentos con azúcares añadidos?

BATIDO VERDE

Listo en 5 min. **Porciones** 2

En años recientes, los jugos embotellados y batidos se han vuelto más populares. Sin embargo, esto puede ser costoso y, con frecuencia, ¡contienen tanta azúcar como las bebidas carbonatadas! Este batido es una alternativa barata y llena de nutrientes que puede hacer usted mismo. También es una excelente manera de agregar verdes a su dieta, aun cuando no ame su sabor. Use por lo menos una clase de fruta congelada para hacerlo frío, espeso y cremoso.

Ingredientes

- 2 puñados grandes de vegetales verdes crudos, tales como espinaca o col rizada (alrededor de 1 taza)
- 1 banano mediano
- 2 tazas de otra fruta fresca o congelada, *picada*
- 2 tazas de leche o sustituto de leche

Instrucciones

1. Coloque todos los ingredientes en una licuadora en el orden enumerado.
2. Licúe hasta que esté suave y cremoso. Agregue un poco de agua si desea un batido más líquido.
3. Sirva inmediatamente.

❋ ***Consejo:*** *Las frutas amarillas, verdes o anaranjadas le dan a este licuado un color muy bonito mientras que los rojos y morados podrían darle un color más oscuro o grisáceo. Independientemente, ¡cualquier color de fruta tiene un sabor delicioso!*

Información nutricional *por porción de 2 tazas*

Calorías totales: 218
Carbohidratos: 45 g
Grasa total: 1.5 g
Grasa saturada: <1 g
Proteína: 10 g
Fibra: 6 g
Sodio: 129 mg

¿Qué podría agregar para hacerlo aun más nutritivo?

¿Trata de colar vegetales en la dieta de su familia? ¿Cuáles podrían ser los pros y los contras de colarlos?

PANQUEQUES CON VEGETALES AL ESTILO COREANO

Listo en 35 min. **Porciones** 4

Los vegetales frescos, así como muchos alimentos a base de plantas, tienen proteínas; de hecho, caloría por caloría, ¡algunos tienen tanta proteína como la carne! Los vegetales también contienen fibra y vitaminas que no encontrará en la carne. Use cualquier vegetal que le guste para hacer estos panqueques salados, ¡hasta las sobras de otra receta!

Ingredientes

- 2 huevos grandes
- ½ cdita. de sal
- ¾ tazas de harina de trigo
- ½ taza de agua de hielo
- 1½ tazas de vegetales mixtos, tales como zucchini (calabacín), brócoli, pimentones (chiles morrones), judías verdes (ejotes), espárragos, *picados en pedazos muy pequeños*
- 2 cebollines (cebollas verdes), *cortados en pedazos de 1 pulgada*

Salsa para mojar:

- 2 cdas. de vinagre de vino de arroz
- 2 cdas. salsa de soya baja en sodio
- 1 cdita. de azúcar
- Una pizca de hojuelas de chile (ají) rojo, *o al gusto*
- 2 cditas. de aceite vegetal

Instrucciones

1. En un recipiente hondo mediano, bata los huevos y la sal hasta que estén espumosos. Agregue la harina y el agua de hielo. Luego, mezcle para hacer una masa espesa. Mezcle suavemente los vegetales y cebollines (cebollas verdes).
2. En un sartén pequeño, caliente la mitad del aceite a fuego medio. Con una cuchara, vierta la mitad de la masa para hacer un panqueque, dispersando los vegetales uniformemente. Cocine hasta que esté crujiente y dorado, 4 a 5 minutos por lado. Repita con el aceite y masa restante.
3. En un recipiente hondo pequeño, mezcle todos los ingredientes para la salsa para mojar.
4. Corte los panqueques en cuartos, arregle en un plato y sirva con la salsa para mojar.

❋ ***Consejo:*** *Reemplace ½ taza de vegetales con kimchi en cuadros o picados o camarón picado y cocido.*

Información nutricional *por porción de 2 pedazos*

Calorías totales: 165
Carbohidratos: 22 g
Grasa total: 5 g
Grasa saturada: 1 g
Proteína: 7.3 g
Fibra: 1.7 g
Sodio: 465 mg

¿Qué ingredientes podría agregar a esta receta para hacerla más atractiva?

¿Cuándo podría hacer o servir este platillo?

¿Cuál piensa que es el propósito de los huevos en esta receta?

SOPA DE ALBÓNDIGAS

Listo en 40 min. **Porciones** 8

Las sopas que incluyen vegetales y carne magra son una excelente manera de preparar una comida sustanciosa y económica en una sola olla. Use caldo bajo en sodio cuando pueda, ya que los caldos empacados tienden a ser muy salados. Esta receta puede ser preparada con cualquier tipo de carne magra molida que le guste; obtiene mucho sabor de las hierbas frescas. ¡Considere agregar chile (ají) picado fresco, o chile (ají) en polvo, para un toque de sabor adicional!

Ingredientes

- 4 tazas de agua
- 4 tazas de caldo de pollo reducido en sodio
- 2 libras de carne de pavo magra y molida
- ¼ taza de hojas de menta, *finamente picadas*
- 1 diente de ajo, *finamente picado*
- ¼ cda. de pimienta negra molida
- 2 tomates perita, *en cuadritos*
- ½ taza de cilantro fresco, *picado*
- 1 papa grande, *picada*
- 2 zanahorias, *picadas*
- 1 tallo de apio, *picado*
- 2 zucchinis (calabacines) medianos o calabacines amarillos, *picados*

Instrucciones

1. En una olla, sobre fuego medio: lleve a hervir el agua y el caldo de pollo.
2. Mientras que los líquidos llegan a hervir, mezcle el pavo molido, la menta, el ajo, la pimienta y el tomate picado.
3. Con la mezcla, haga pequeñas bolitas, alrededor de 1-1½ pulgadas de diámetro.
4. Una vez los líquidos estén hirviendo, agregue las albóndigas y el cilantro. Disminuya la temperatura y cocine por 10 minutos, cubierto.
5. Cuando las albóndigas suban a la superficie, agregue las papas, las zanahorias y el apio. Continúe cocinando con la olla cubierta.
6. Una vez los vegetales estén suaves, agregue el zucchini (calabacín) y déjelo cocinando por 10 minutos más o hasta que el zucchini (calabacín) esté suave, antes de servir.

❋ **Consejo:** *Para más sabor, agregue jugo de lima, chile (ají) picado o cebolla picada en su recipiente hondo.*

Información nutricional *por porción de 1½ taza*

Calorías totales: 203
Carbohidratos: 5 g
Grasa total: 10 g
Grasa saturada: 3 g
Proteína: 18 g
Fibra: 2 g
Sodio: 348 mg

¿Cómo adaptaría esta receta para su familia?

¿Qué grano podría agregar a esta sopa?

¿Qué otras combinaciones de carne, vegetales y sabor podría darle a una sopa como esta?

VEGETALES MU SHU

Listo en 20 min. **Porciones** 4

Los alimentos muy coloridos con frecuencia son más atractivos al ojo que los alimentos que son de un solo color. Comer una variedad de frutas y vegetales coloridos todos los días también ayuda a asegurar que está obteniendo las diferentes vitaminas que necesita. Este sofrito colorido es una versión americanizada de un platillo chino. Normalmente se come en un envuelto de harina, similar a una tortilla de harina, pero también puede comerlo sobre arroz.

Ingredientes

- 2 cdas. de aceite vegetal
- 1 pedazo (alrededor de 1 pulgada) de jengibre fresco, *pelado y luego rallado o picado*
- 3 dientes de ajo, *picados*
- 1 cda. aceite de ajonjolí tostado
- 1 repollo pequeño, preferiblemente Napa o Savoy, *rodajeado muy finamente* (alrededor de 5 a 6 tazas)
- 1 pimentón (chile morrón) rojo, *en rodajas muy finas*
- 3 zanahorias medianas, *ralladura gruesa* (alrededor de 2 tazas)
- 1 cda. de salsa de soya
- 1 cda. de harina de maíz (maicena)
- ¾ taza de agua fría
- 2 tazas de arroz cocido o 4 tortillas de harina de trigo calientes, preferiblemente integral

Instrucciones

1. En un sartén grande, caliente el aceite sobre fuego medio-alto. Agregue jengibre y ajo y sofría por algunos cuantos segundos.
2. Agregue el aceite de ajonjolí, la cebolla y el repollo y sofría por dos minutos. Agregue los pimentones (chiles morrones) y las zanahorias. Sofría por un poco más de tiempo.
3. Agregue la salsa de soya y sofría por otro minuto.
4. Mezcle la harina de maíz (maicena) con el agua. Agregue al sartén y déjela hervir a fuego lento por dos minutos o hasta que el líquido se haya espesado y evaporado.
5. Coma los vegetales enrollados en tortillas de harina de trigo calientes o sobre arroz.

Información nutricional *por porción de ¼ taza*

Calorías totales: 226
Carbohidratos: 28 g
Grasa total: 11 g
Grasa saturada: 1 g
Proteína: 6 g
Fibra: 3 g
Sodio: 543 mg
Azúcar añadido: <1 g

¿Qué color de frutas o vegetales es más difícil para usted comer lo suficiente?

¿Conoce a alguien que coma alimentos en su mayoría cafés o blancos? ¿Piensa que ellos probarían estos Vegetales Mu shu?

¿Qué otros vegetales podría usar en este platillo?

PUDÍN DE CHOCOLATE SIN COCINAR

Listo en 25 min. **Porciones** 6

¿Le gusta el chocolate o los dulces? Esta es una receta perfecta para proporcionar un poco de bienestar achocolatado así como algunas grasas saludables provenientes de los aguacates. El cacao en polvo es elaborado de granos de cacao molidos, los mismos granos utilizados para hacer chocolate. Los granos de cacao no son naturalmente dulces - el azúcar es añadida en el proceso de elaboración del chocolate.

Ingredientes

- 2 aguacates maduros, *pelados y en cubos*
- 1 banano, *pelado y en cubos*
- ¼ taza de cacao en polvo, sin azúcar
- ¼ taza de leche o alternativas no lácteas (almendra o coco son una buena elección)
- 2 cucharadas de miel
- 1 cucharadita de esencia de vainilla

Instrucciones

1. Mezcle todos los ingredientes en una licuadora o procesador de alimentos hasta que esté cremoso y suave. Ajuste la textura y el sabor al agregar más cacao en polvo o leche.
2. Sirva con cucharadas en copas individuales si desea ser sofisticado. Enfríe en el refrigerador por 20 minutos (¡o cómalo inmediatamente si no puede esperar!).
3. Coloque encima su fruta favorita o espolvoree con algunas nueces o coco tostado.

Información nutricional *por porción de ½ taza*

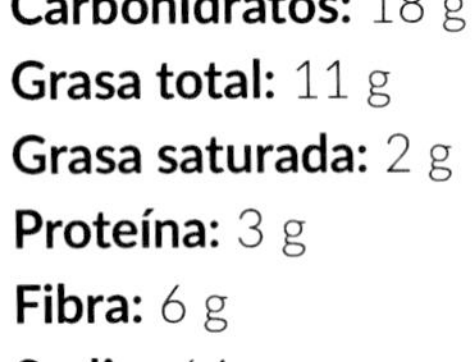

Calorías totales: 160
Carbohidratos: 18 g
Grasa total: 11 g
Grasa saturada: 2 g
Proteína: 3 g
Fibra: 6 g
Sodio: 64 mg
Azúcar añadido: 6 g

¿Alguien en su casa prepara postres desde cero?

¿Nota la diferencia entre postres hechos en casa y los comprados en la tienda? ¿Su familia prefiere uno sobre otro?

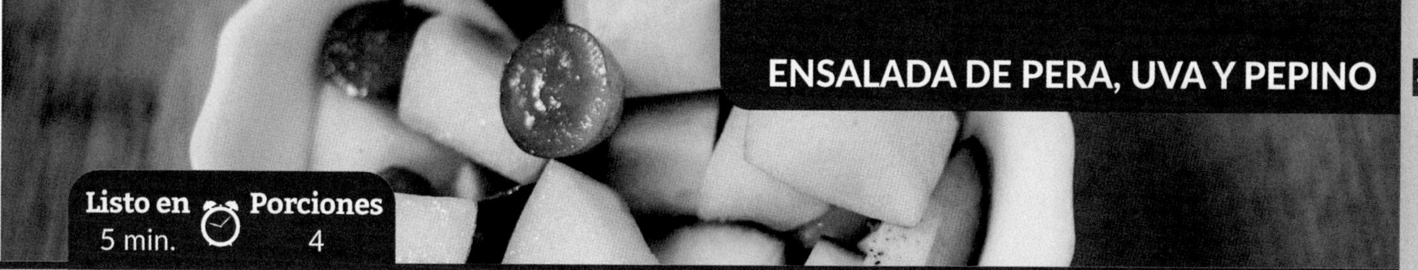

ENSALADA DE PERA, UVA Y PEPINO

Con frecuencia escuchamos que es importante beber agua. Un dieta rica en frutas y vegetales también contiene mucha agua de las mismas plantas. Los ingredientes en esta ensalada son todos hidratantes. Esto hace un excelente refrigerio siempre que necesite sentirse revitalizado.

Ingredientes

- 2 cditas. de aceite de oliva
- 2 cdas. de jugo de limón verde
- ⅛ cdita. de sal
- 1 pepino grande, *en cuadritos (pelado, si tiene cera)*
- 1½ tazas de uvas rojas sin semillas, *partidas a la mitad*
- 2 peras, *en cuadritos*

Instrucciones

1. En un recipiente hondo grande, bata el aceite, el jugo de limón verde y la sal.
2. Agregue las uvas, el pepino y las peras y mezcle antes de servir.

❋ ***Consejo:*** *Espolvoree con chile (ají) en polvo para un toque de sabor.*

Información nutricional *por porción de 1 taza*

Calorías totales: 73
Carbohidratos: 16 g
Grasa total: 2 g
Grasa saturada: <1 g
Proteína: <1 g
Fibra: 2 g
Sodio: 52 mg

¿Cuáles son algunos otros alimentos que tienen mucha agua en ellos?

¿Por qué podría ser de ayuda obtener el agua de los alimentos que comemos?

¿Qué más agregaría a esta ensalada para cambiar el sabor?

PIZZA DE PAN PITA

Listo en 20 min. **Porciones** 4

La pizza puede ser una comida nutritiva y balanceada si es preparada con buenos ingredientes. Esta receta usa pan pita de trigo integral, pero puede sustituir por cualquier pan, rosquilla (bagel) o tortilla de trigo integral que le guste. Simplemente busque la palabra "integral" en el primer artículo en la lista de ingredientes. Luego agregue suficientes vegetales frescos encima. ¡También puede tratar de picar en pedazos más pequeños los vegetales y mezclarlos en la salsa si tiene comensales quisquillosos!

Ingredientes

- 4 panes pita de trigo integral
- 1 taza de queso mozzarella parcialmente desnatado, *rallado*
- 1 taza de salsa de tomate o de pizza, baja en sodio
- 1 taza de vegetales, tales como pimentones (chiles morrones), brócoli, hongos, aceitunas, piña, cebollas, tomates, espárragos y/o zucchini (calabacín), *en cuadritos*

Instrucciones

1. Precaliente el horno u horno tostador a 425 °F. Cubra la bandeja para hornear con papel aluminio para una limpieza fácil.
2. Coloque los panes pita en la bandeja para hornear para armarlas. Unte la salsa de tomate sobre el pan pita dejando espacio para masa.
3. Espolvoree con queso y agregue los acompañamientos.
4. Cocine las pizzas en el horno por 5 a 8 minutos, o hasta que el queso esté derretido.
5. Deje enfriar por un minuto antes de comer.

❋ ***Consejo:*** *Use sobras de vegetales para reducir el tiempo de preparación. Espolvoree con orégano seco, albahaca u hojuelas de chile (ají) para aún más sabor.*

Información nutricional *por pan pita*

Calorías totales: 213
Carbohidratos: 32 g
Grasa total: 6 g
Grasa saturada: 3 g
Proteína: 13 g
Fibra: 6 g
Sodio: 460 mg

¿Cuántos grupos alimenticios contiene esta pizza?

¿Cómo cambiaría esta receta si la hiciera en casa?

¿Qué otros alimentos pueden ser balanceados, o no, dependiendo de cómo los prepare?

PALOMITAS DE MAÍZ Y ACOMPAÑAMIENTOS

¿Sabía que las palomitas de maíz son de grano integral? Eso significa que tiene más fibra y nutrientes que las frituras u otros refrigerios. ¡También es algo fácil y barato de preparar en la estufa! Los niños aman ver el proceso de cocina y escuchar los granos de maíz reventar (desde una distancia segura). Ellos también aman agregar sus propios acompañamientos.

Ingredientes

½ taza de granos de maíz para palomitas
2 cda. de aceite
½ cdita. de sal

Acompañamientos variados, tales como pimentón español (paprika), pimienta roja (de cayena), levadura nutricional, queso parmesano, hierbas secas

Instrucciones

1. Agregue el aceite vegetal a una olla grande con tapadera.
2. Agregue los granos de maíz, cubra y caliente a fuego medio. Escuchará los granos empezar a reventar después de unos cuantos minutos.
3. Sacuda la olla frecuentemente, sosteniendo la tapadera en su lugar, para asegurarse que todos los granos de maíz se cocinen uniformemente sin quemarse.
4. Cuando escuche los granos reventarse más lentamente, retire del fuego. Abra cuidadosamente la tapadera.
5. Coloque en un recipiente y agregue encima los acompañamientos deseados.

Información nutricional *por porción de 3 tazas*

Calorías totales: 135
Carbohidratos: 18 g
Grasa total: 6 g
Grasa saturada: <1 g
Proteína: 3 g
Fibra: 3 g
Sodio: 200 mg

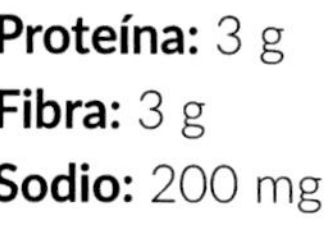

¿Le gusta el condimento utilizado en esta receta? ¿Qué otros condimentos podría utilizar en su lugar?

¿Alguna vez ha preparado palomitas de maíz en la estufa? ¿Fue más fácil o más difícil de lo que esperaba?

SALSA FRESCA

Listo en 15 min. **Porciones** 4

La salsas son una manera fácil de iluminar cualquier comida y agregar nutrientes beneficiosos sin toneladas de sal o azúcar. ¡Muchos niños ni siquiera se dan cuenta que están comiendo vegetales! Las salsas también pueden ser elaboradas con otras frutas o vegetales aparte de los tomates, tales como mango, durazno, sandía, pera, maíz o pepino. Experimente con esta receta usando lo que sea que esté fresco y no sea costoso en la tienda.

Ingredientes

4 ramas de cilantro fresco, *picadas (incluyendo las ramas)*
1 cebolla morada pequeña, *picada*
1 pimentón (chile morrón) verde mediano, *picado*
Salsa o chiles picantes frescos, *al gusto* (opcional)
6 tomates perita
2 cdas. de vinagre de vino rojo
1 limón verde, *exprimido*
1 cda. comino molido
1 cdita. de aceite de oliva
Sal, *al gusto*

Instrucciones

1. Pique en pedazos grandes el cilantro. Corte las cebollas y pimentones en pedazos grandes. Procese en una licuadora hasta que estén picados de forma gruesa.
2. Corte los tomates en cuartos. Agregue, junto con los ingredientes restantes y licúe con la función por pulsos hasta que la mezcla esté picada en pequeños pedazos.
3. Sirva inmediatamente, o cubra y enfríe por hasta tres días.

Instrucciones sin licuadora

1. Pique todo finamente con un cuchillo.
2. Ralle los tomates en los agujeros grandes de un rallador (¡sobre un recipiente para capturar los jugos!).
3. Combine todos los ingredientes y sirva inmediatamente o cubra/enfríe por hasta tres días.

Información nutricional *por porción de ½ taza*

Calorías totales: 58
Carbohidratos: 10 g
Grasa total: 2 g
Grasa saturada: <1 g
Proteína: 2 g
Fibra: 3 g
Sodio: 12 mg

¿Cuáles son los diferentes sabores que puede degustar en esta salsa?

¿Qué le gustaría comer con esta salsa?

¿Qué otros ingredientes podría agregar a esta receta para darle un giro?

BANANOS SALTEADOS

Listo en 10 min. **Porciones** 3

Saltear extrae la dulzura del banano y crea un caramelo delicioso como corteza. Esta técnica pueda ser aplicada a todas las clases de frutas. Disminuya la cantidad de azúcar si está preparándola con frutas más dulces. Esto también hace un buen acompañamiento para panqueques, yogurt o avena.

Ingredientes

3 bananos firmes, pero maduros
1 cdita. de mantequilla sin sal
1½ cda. de azúcar morena
½ cdita. de canela, *o ajuste al gusto*
1½ cdita. de jugo de limón recién exprimido

Instrucciones

1. Pele los bananos y córtelos en cuartos, primero cortándolos a la mitad a lo ancho y luego a lo largo.
2. En un sartén, sobre fuego lento: agregue mantequilla, azúcar morena y canela; mezcle hasta que salgan burbujas.
3. Agregue los cuartos de banano, con la parte cortada hacia abajo; saltee por 1 a 2 minutos o hasta que estén dorados.
4. Voltee y saltee el otro lado, hasta que estén dorados.
5. Rocíe con el jugo de limón.
6. Sirva calientes; vierta un chorro del jugo en el sartén sobre los bananos.

Información nutricional *por banano*

Calorías totales: 157
Carbohidratos: 37 g
Grasa total: 4 g
Grasa saturada: 2 g
Proteína: 1 g
Fibra: 3 g
Sodio: 6 mg

¿Cuáles son algunas otras cosas que puede hacer con bananos maduros o demasiado maduros?

¿Cómo podrían ayudarlo los miembros de la familia con esta receta?

¿Qué hace el jugo de limón para esta receta?

SOFRITO DE POLLO CON AJONJOLÍ

Listo en 25 min. **Porciones** 4

Las comidas de restaurante con frecuencia tienen mucha más sal, grasa y azúcar que la que usted usaría en casa. Este pollo con ajonjolí y vegetales tiene un poco de azúcar para dulzura, pero también obtiene mucha dulzura de los pimentones (chiles morrones) frescos y los guisantes capuchinos. Para una versión vegetariana, sustituya el pollo por los cubos de tofú firmes y luego agréguelos a los vegetales.

Ingredientes

- 2 cditas. de aceite
- 1 lb. de pollo deshuesado, sin piel, *cortado en tiras*
- 2 tazas de guisantes capuchinos o guisantes dulces, *recortados*
- 1 pimentón (chile morrón) rojo mediano, *picado*
- 1 pimentón (chile morrón) verde mediano, *picado*
- 3 cdas. de salsa de soya baja en sodio
- 2 cdas. de agua
- 1½ cdita. de azúcar morena rebosada
- ¼ cdita. de jengibre molido
- 1 cda. de aceite de ajonjolí tostado
- 2 cebollines (cebollas verdes), *en rodajas*
- 2 tazas de arroz integral cocido

Instrucciones

1. Caliente el aceite en un sartén grande. Agregue el pollo; cocine y sofría por 5 a 8 minutos o hasta que el pollo esté completamente cocido. Agregue los guisantes capuchinos y pimentones (chiles morrones), sofría por 3 a 4 minutos más hasta que los vegetales estén crujientes-tiernos.
2. En un recipiente hondo pequeño, combine la salsa de soya, el agua, el azúcar morena y el jengibre, agregue al sartén. Cocine por 3 a 5 minutos sobre fuego medio-alto.
3. Espolvoree con semillas de ajonjolí y cebollín (cebolla verde). Sirva sobre arroz integral.

Información nutricional *por porción de 1¼ taza*

Calorías totales: 313
Carbohidratos: 28 g
Grasa total: 7 g
Grasa saturada: 1 g
Proteína: 30 g
Fibra: 5 g
Sodio: 470 mg

¿Cuáles sabores resaltan en esta receta?

¿Qué otros vegetales le gustaría probar en este platillo?

ESPAGUETI CON SALSA DE CARNE

Listo en 40 min. **Porciones** 8

Elegir carne molida magra o extra magra hace de esta receta una receta saludable para el corazón. Si quiere volverla vegetariana, sustituya con hongos picados. Esta salsa es excelente para mantener en el congelador para una comida de último minuto.

Ingredientes

- 1 cda. de aceite de oliva
- 1 cebolla, *finamente picada*
- 1 pimentón (chile morrón), *finamente picado*
- 4 dientes de ajo, *picados*
- 1 libra de pavo molido magro
- 1 lata (6 onzas) de pasta de tomate
- 1 lata (28 onzas) de tomates en cuadros, bajos en sodio
- 2 cdas. de orégano seco
- 2 cditas. de albahaca seca
- 1 cdita. de sal
- ½ cdita. de pimienta negra
- 1 libra de pasta, preferiblemente de trigo integral

Instrucciones

1. Caliente aceite de oliva en una olla mediana sobre fuego medio.
2. Cocine la cebolla y el pimentón (chile morrón) hasta que esté blando.
3. Agregue el pavo y el ajo. Cocine, mezclando ocasionalmente por 8 a 10 minutos, hasta que la carne ya no esté rosada. Agregue la pasta de tomate y cocine por 2 minutos.
4. Mezcle los tomates con su jugo, el orégano, la albahaca, sal y pimienta negra molida. Llévelo hasta hervir y reduzca el fuego. Cubra y deje hervir a fuego lento por 15 a 20 minutos, mezclando ocasionalmente.
5. Mientras tanto, cocine la pasta de acuerdo con las instrucciones del paquete; escurra bien.
6. Sirva la salsa sobre los espaguetis.

Información nutricional *por porción de 1½ taza*

Calorías totales: 360
Carbohidratos: 54 g
Grasa total: 9 g
Grasa saturada: 2 g
Proteína: 22 g
Fibra: 9 g
Sodio: 197 mg

¿Hay comensales que no comen carne en su familia? ¿Cómo adaptaría esta receta para ellos?

¿Cuáles son algunas recetas que podría preparar y mantener en el congelador para una comida rápida?

¿Qué serviría con esto para volverlo una comida balanceada?

MEZCLA DE FRUTOS SECOS CON ESPECIAS

Listo en 10 min. **Porciones** 12

Agregue al final de la nota existente: Los refrigerios saludables, que contienen poca proteína y/o grasa saludable, son una excelente manera de mantener su energía y estado de ánimo estable durante el día.

Ingredientes

1 taza de maní u otras nueces
1 taza de pasitas u otros frutos secos
1 taza de semillas de girasol o pepitoria (semillas de calabaza), *crudas o tostadas*
1 taza de pretzeles miniatura, cereal seco bajo en azúcar, o galletas saladas pequeñas
1 cda. de pimentón español (paprika) y/o canela
Sal, *al gusto*
1 taza de coco rallado y seco, chispas de chocolates, o frutos secos adicionales (opcionales)

Instrucciones

1. Mezcle todos los ingredientes y disfrute.

❋ ***Consejo:*** *Busque los cereales con menos de 6 gramos de azúcar por porción.*

Información nutricional *por porción de ¼ taza*

Calorías totales: 196
Carbohidratos: 19 g
Grasa total: 13 g
Grasa saturada: 2 g
Proteína: 6 g
Fibra: 4 g
Sodio: 113 mg

¿Qué otros ingredientes podría utilizar o sustituir en esta receta?

¿Le gusta el condimento utilizado en esta receta? ¿Qué otros condimentos podría utilizar en su lugar?

¿Cómo un refrigerio como este podría ser de ayuda en su vida?

ENSALADA DE ESPINACA Y CÍTRICOS

Si tiene un gusto por los dulces, pruebe agregar ingredientes naturalmente dulces a platillos saludables para satisfacer sus antojos. Esta ensalada obtiene bastante dulzura de segmentos de naranja fresca y arándanos rojos secos, así como de un aderezo preparado con jugo de naranja. Las nueces rodajeadas le dan una sensación crujiente que le satisface.

Ingredientes

3 tazas de hojas de espinaca tierna, *lavadas*
3 naranjas, *peladas y en gajos o rodajas*
3 cdas. almendras en lascas
¼ taza de arándanos rojos secos
1 cda. de aceite de oliva
3 cdas. jugo de naranja, *exprimido de 1 naranja*
2 cdas. de vinagre de arroz

Instrucciones

1. En un recipiente para servir, combine la espinaca, las naranjas y los arándanos rojos.
2. En un recipiente hondo, bata juntos el aceite de oliva, el jugo de naranja y el vinagre de arroz para el aderezo.
3. Mezcle la ensalada con el aderezo. Espolvoree con las almendras y sirva.

Información nutricional *por porción de 1 taza*

Calorías totales: 150
Carbohidratos: 21 g
Grasa total: 4 g
Grasa saturada: <1 g
Proteína: 3 g
Fibra: 4 g
Sodio: 20 mg

¿Qué podría sustituir por las naranjas y arándanos rojos si no estuviesen disponibles?

¿Cómo se siente su cuerpo después de comer una ensalada como esta?

¿Le gusta tener algo "crujiente" añadido a sus ensaladas o platillos? ¿Cuáles son otros ingredientes que puede utilizar para hacer esto?

PASTA PRIMAVERA PARA UNTAR

Listo en 10 min. **Porciones** 4

Esta pasta para untar crea un excelente refrigerio, relleno para emparedado o salsa. También es mucho más nutritivo que las salsas empacadas y pastas untables gracias a varios colores de vegetales frescos. Note que entre más pequeños pique o ralle los vegetales, más sabores se mezclaran entre sí, y podría hacerlo más atractivo para comensales quisquillosos.

Ingredientes

- 4 onzas de queso crema bajo en grasa, *batido o suavizado*
- ½ zanahoria, *rallada*
- ½ pimentón (chile morrón) rojo, *en cuadritos finos*
- 2 cebollines (cebollas verdes), *finamente picados*
- 1 cda. de hierbas frescas, *picadas* (vea consejo)
- 1 cdita. de jugo de limón o limón verde, recién exprimido

Sirva con: galletas, tortillas, rosquillas (bagels) de grano integral, palillos de apio o rodajas de pepino

Instrucciones

1. Mezcle todos los ingredientes con una espátula de plástico hasta que esté cremoso.
2. Use como pasta untable para panes, galletas o sobre vegetales.

❋ **Consejo:** *Esta es una excelente manera de usar las sobras de hierbas (tales como eneldo, tomillo, orégano, albahaca) y vegetales.*

Información nutricional *por porción de 2 cucharadas*

Calorías totales: 61
Carbohidratos: 3 g
Grasa total: 4 g
Grasa saturada: 3 g
Proteína: 2 g
Fibra: <1 g
Sodio: 106 mg

¿Cómo adaptaría esta receta para su familia?

¿Cuáles son otros refrigerios nutritivos que le gusta tener a la mano?

CHILI DE TRES FRIJOLES

Listo en 45 min. **Porciones** 6

No es necesario para la mayoría de nosotros comer carne en cada tiempo de comida, o incluso todos los días. La proteína forma huesos, músculos, cartílago, piel y sangre, pero puede encontrarse en alimentos distintos a la carne. Para preparar una entrada vegetariana sustanciosa, elija una receta con muchos vegetales frescos, granos integrales, frijoles y/o legumbres.

Ingredientes

- 1 cda. de aceite vegetal
- 1 cebolla, *en cuadritos*
- 2 dientes de ajo, *finamente picados*
- 2 zucchini (calabacín) o calabacín amarillo de verano, *en cuadritos* (fresco o congelado)
- 1 taza de maíz fresco, enlatado o congelado
- 2 pimentones (chiles morrones), *en cuadritos*
- ½ cdita. de pimienta negra
- ½ cdita. de sal
- 1 cda. de chile (ají) en polvo
- 1 cdita. de comino molido
- 1 lata (16 onzas) de frijoles pintos, bajos en sodio, *escurridos y enjuagados*
- 1 lata (16 onzas) de frijoles negros, bajos en sodio, *escurridos y enjuagados*
- 1 lata (16 onzas) de frijoles rojos, bajos en sodio, *escurridos y enjuagados*
- 2 latas (de 15 onzas) de tomates en cuadros, bajos en sodio
- 1 cda. de melaza (opcional)

Instrucciones

1. En una olla sopera, caliente el aceite vegetal sobre fuego medio. Agregue la cebolla y el ajo y luego cocine hasta que estén suaves, alrededor de 2 minutos. Agregue el zucchini (calabacín) o calabacín amarillo, el maíz y los pimentones (chiles morrones) y luego cocine hasta que estén suaves, alrededor de 5 minutos. Mezcle el resto de los ingredientes y lleve a hervir.
2. Reduzca el fuego, cubra y deje hervir a fuego lento por 20 a 25 minutos, mezclando ocasionalmente.
3. Sirva inmediatamente o deje enfriar por completo, luego almacene en el refrigerador o congelador.

Información nutricional *por porción de 1 taza*

Calorías totales: 370
Carbohidratos: 66 g
Grasa total: 5 g
Grasa saturada: 1 g
Proteína: 20 g
Fibra: 19 g
Sodio: 580 mg

¿Cuáles son algunas otras maneras de agregar frijoles a su dieta?

Si preparara esto para sus amigos, ¿extrañarían comer carne? ¿Por qué sí o por qué no?

EMPAREDADOS DE SALCHICHA DE PAVO Y MANZANA SOBRE PANECILLO INGLÉS

Listo en 30 min. **Porciones** 6

Las comidas rápidas pueden estar cargadas con sal, grasa y azúcar. Estas pueden tener buen sabor, pero dejarnos sintiéndonos pesados. Estos emparedados de salchicha de pavo hecha en casa tienen bastante proteína y fibra que necesitamos sin los ingredientes extra procesados. No son solo para el desayuno.

Ingredientes

Salchicha de pavo y manzana:

- 1 libra de pavo molido magro
- 1 manzana roja, *sin centro y finamente picada*
- 2 dientes de ajo, *picados y divididos*
- ½ cdita. de tomillo seco
- ¼ cdita. de hojuelas de pimienta roja
- 1 cdita. de salvia seca
- ¼ cdita. de pimienta negra molida
- ⅛ cdita. de cilantro molido
- 2 cditas. de aceite

Emparedado de desayuno:

- 2 tazas de hongos, *picados*
- 1 cebolla mediana, *picada*
- 6 panecillos ingleses de trigo integral
- 6 rodajas de tomate

Instrucciones

1. En un recipiente hondo grande, combine el pavo, la manzana, un diente de ajo, el tomillo, las hojuelas de pimienta roja, la salvia, la pimienta negra molida y el cilantro; mezcle bien.
2. Convierta la mezcla de pavo en 6 tortitas.
3. Caliente 1 cucharadita de aceite en un sartén sobre fuego medio.
4. Cocine las tortitas hasta que estén completamente cocidas, alrededor de 5 a 7 minutos por lado. Coloque a un lado.
5. Caliente 1 cucharadita de aceite en un sartén sobre fuego medio.
6. Agregue los hongos, las cebollas y el ajo. Saltee hasta que los hongos estén suaves y las cebollas empiecen a dorarse, alrededor de 5 minutos.
7. Corte cada panecillo inglés a la mitad. Coloque una tortita de salchicha de pavo y manzana, ⅙ de la mezcla de cebolla-hongos y una rodaja de tomate sobre 6 mitades de panecillos ingleses.
8. ¡Cubra cada emparedado con la otra mitad del panecillo inglés y disfrute!

Información nutricional *por panecillo*

Calorías totales: 256
Carbohidratos: 35 g
Grasa total: 5 g
Grasa saturada: 1 g
Proteína: 19 g
Fibra: 6 g
Sodio: 459 mg

¿Cómo son estos distintos en sabor, textura y color que un emparedado de comida rápida?

¿Qué ingredientes podría agregar a esta receta? ¿Qué ingredientes quitaría?

¿Qué beneficios piensa que existen usando un panecillo inglés de trigo integral en lugar de uno regular?

ARROZ NO FRITO

Listo en 30 min. **Porciones** 4

Para comer una dieta balanceada, no es necesario preparar varios platillos diferentes en cada comida. Muchas recetas fáciles y sustanciosas, preparadas en una sola olla, incluyen todo lo que necesita para una comida balanceada. Esta receta de arroz "no frito" es más baja en grasa y sodio que el arroz frito de restaurante, y contiene por lo menos tres de los cinco grupos alimenticios. Esta receta resulta mejor con sobras que con arroz recién cocido.

Ingredientes

1 cda. de aceite
1 diente de ajo, *finamente picado*
2 tazas de vegetales crudos en cuadritos, tales como cebolla, apio, pimentones (chiles morrones), repollo, brócoli, judías verdes (ejotes), guisantes, zucchini (calabacín), hongos o brotes de soya
1 huevo, *batido*
2 tazas de arroz cocido frío, preferiblemente arroz integral
2 cdas. de salsa de soya baja en sodio
Pimienta negra al gusto
1 taza de pollo o camarón cocido (opcional)
1 taza de mango o piña, *picado* (opcional)

Instrucciones

1. Caliente el aceite hasta que crepite en la parte inferior de un sartén grande.
2. Sofría el ajo y los vegetales hasta que estén cocidos pero todavía un poco crujientes.
3. Agregue el camarón o pollo al sartén, si está usando, y cocine por 2 minutos.
4. Coloque todo a un lado. Agregue el huevo directamente sobre la parte inferior expuesta del sartén y revuelva
5. Agregue el arroz, la salsa de soya, la pimienta negra y otros ingredientes opcionales. Reduzca el fuego a medio-bajo. Cocine hasta que esté completamente caliente, mezclando frecuentemente.

Información nutricional *por porción de 1 taza*

Calorías totales: 322
Carbohidratos: 50 g
Grasa total: 9 g
Grasa saturada: 1 g
Proteína: 12 g
Fibra: 6 g
Sodio: 578 mg

¿Cómo adaptaría esta receta para su familia?

¿Qué piensa de agregar el mango o piña opcional a este platillo? ¿Le gusta la combinación de sabores dulces y salados en una entrada?

¿Hay proteínas vegetarianas que podría agregar a este platillo?

BOL DE FIDEOS Y VEGETALES

Listo en 20 min. **Porciones** 8

Los panes y pastas integrales son con frecuencia más sustanciosos que otros de otras harinas blancas porque tienen más fibra y grasas saludables. También pueden mantener su textura por más tiempo sin ponerse blandos. Esta receta utiliza fideos de trigo integral. Entre más tiempo deje en reposo los fideos, más absorberán los condimentos en la receta. Su textura fuerte, al combinarla con los crujientes vegetales, ¡verdaderamente le da algo que masticar!

Ingredientes

1 libra de espagueti de trigo integral (o cualquier fideo asiático, como soba)
3 cdas. de salsa de soya baja en sodio
4 cditas. de aceite de ajonjolí tostado
1 cdita. de salsa de chile (ají) picante (como Sriracha), *al gusto*
2 dientes de ajo, *finamente picados o rallados*
1 manojo de cebollines (cebolla verde), *picados* (alrededor de 1 taza)
1 pepino, *cortado verticalmente a la mitad y finamente picado* (alrededor de 1 taza)
2 zanahorias, *ralladura gruesa* (alrededor de 1 taza)
½ cabeza de repollo, *rallada* (alrededor de 1 taza)
Sal y pimienta, *al gusto*
1 taza de tofú firme, *en cuadritos* (opcional)

Instrucciones

1. Prepare los fideos de acuerdo con las instrucciones en el paquete. Enjuáguelos bajo agua fría y colóquelos en un colador para escurrir.
2. En un recipiente hondo grande, mezcle la salsa de soya, el aceite de ajonjolí, la salsa de chile (ají), los cebollines (cebollas verde), el ajo, el pepino, las zanahorias y el repollo. Agregue los fideos y mezcle todo junto con un tenedor o tenazas. Suavemente, mezcle el tofú, si lo usara. Pruebe y agregue sal y pimienta, como sea necesario.
3. Deje reposar los fideos en el refrigerador por alrededor de una hora, si puede, antes de servir. Los sabores se unirán y se volverán más intensos.

Información nutricional *por porción de 2 tazas*

Calorías totales: 237
Carbohidratos: 45 g
Grasa total: 4 g
Grasa saturada: 1 g
Proteína: 9 g
Fibra: 6 g
Sodio: 238 mg

¿Qué ingredientes tiene en casa que podría convertir en un bol de fideos como este?

¿Su familia intenta comer menos carne? ¿Por qué sí o por qué no?

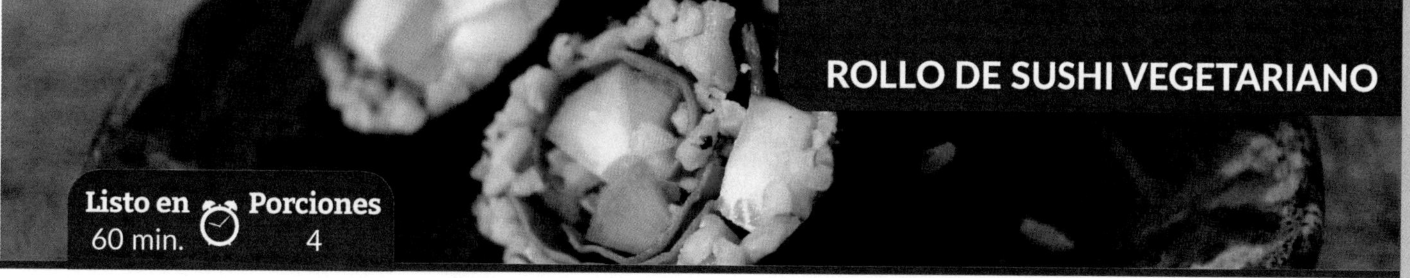

ROLLO DE SUSHI VEGETARIANO

Listo en 60 min. **Porciones** 4

El arroz integral es una buena alternativa al arroz blanco ya que incluye fibra, la cual ayuda a mantener todo fluyendo en nuestro cuerpo. El contenido de salvado también es rico en vitaminas del complejo B y minerales, los cuales nos ayudan a mantenernos energizados durante el día. Si los miembros de la familia se sienten escépticos respecto a este, intente mezclar arroz integral y blanco en proporciones cada vez mayores para acostumbrarlos al sabor y textura. O introdúzcalo con una receta divertida como esta que toda la familia puede preparar.

Ingredientes

- 1 taza de arroz integral de grano corto
- 2 tazas de agua
- 3 cdas. de vinagre de arroz
- 1 cdita. de azúcar
- 1 taza de hojas de espinaca tierna o brotes de alfalfa
- 1 pepino
- 1 zanahoria
- 1 aguacate
- 4 hojas de nori (alga marina seca)
- Semillas de ajonjolí para decoración (opcional)
- Salsa de soya baja en sodio para mojar

Instrucciones

1. Enjuague y escurra el arroz integral, colóquelo en una olla sobre fuego medio y vierta el agua. Deje que hierva y reduzca el fuego hasta que el arroz haya absorbido el agua, alrededor de 45 minutos. Agregue el vinagre de arroz y azúcar al arroz integral. Mezcle bien y coloque a un lado.
2. Corte la zanahoria y el pepino en 8 larga tiras delgadas, cada una. Saque las semillas de las tiras de pepino.
3. Corte el aguacate a la mitad, elimine la cáscara y la semilla; corte cada mitad en 8 rodajas.
4. Coloque la hoja de nori horizontalmente frente a usted. Unte uniformemente el arroz sobre 2/3 de la hoja de nori; coloque unas cuantas hojas de espinaca o una pequeña cantidad de brotes en el tercio inferior del arroz. Coloque 2 tiras de pepino, 2 tiras de zanahoria y 4 pedazos de aguacate sobre el arroz. (*Una posible disposición se muestra a la derecha.*)
5. Humedezca ligeramente la orilla superior del nori. Empezando en la parte inferior, enrolle de manera ajustada. Presione la orilla húmeda para sellar.
6. Corte en pedazos gruesos y espolvoree con semillas de ajonjolí, si lo desea. Disfrute con o sin la salsa de soya.

❋ ***Consejo:*** *Tres tazas de sobras de arroz cocido pueden ser utilizadas en esta receta. Caliéntelo ligeramente antes de agregar el vinagre y el azúcar. Asegúrese que sus manos estén secas antes de enrollar su sushi.*

Información nutricional *por rollo*

Calorías totales: 279
Grasa total: 9 g
Proteína: 6 g
Sodio: 47 mg
Carbohidratos: 50 g
Grasa saturada: 1 g
Fibra: 6 g

¿Los miembros de su familia disfrutan las comidas para picar (botanas) como esta?

¿Cuáles son algunas otras comidas para picar (botanas) saludables que su familia disfruta?

HUEVOS REVUELTOS CON VEGETALES

Listo en 7 min. | **Porciones** 4

Muchos de nosotros estamos demasiado apurados en la mañana para cocinar un desayuno grande. ¡Puede que terminemos comiendo alimentos azucarados procesados, comida rápida, o nada! Esto puede afectar nuestros estados de ánimo y energía durante todo el día. Afortunadamente, los huevos revueltos son rápidos y baratos. Al prepararlos con vegetales, hasta vegetales congelados, estos son más nutritivos y sustanciosos.

Ingredientes

8 cditas. de aceite de oliva
8 huevos
1⅓ tazas de vegetales frescos o congelados, *picados* (tales como espinaca, col rizada, acelga, pimentones, guisantes, cebolla, calabacín de verano, hongos)
Sal, *al gusto*
Pimienta, *al gusto*

Instrucciones

1. Saltee los vegetales en un sartén mediano con 1 cucharadita de aceite de oliva. Colóquelos en un recipiente hondo mediano.
2. Agregue 1 cucharadita de aceite de oliva en el sartén, agregue los huevos y mezcle sobre fuego medio.
3. Cuando los huevos estén parcialmente cocidos, agregue los vegetales salteados. Cocine hasta que los huevos dejen de moverse. Agregue una pizca de sal, pimienta y los acompañamientos deseados.

❋ ***Consejo:*** *Sirva sobre arroz integral o en una tortilla o pan pita de trigo integral calientes para una comida completa.*

Información nutricional *por porción de 1 taza*

Calorías totales: 225
Carbohidratos: 1 g
Grasa total: 18.5 g
Grasa saturada: 3 g
Proteína: 13 g
Fibra: <1 g
Sodio: 150 mg

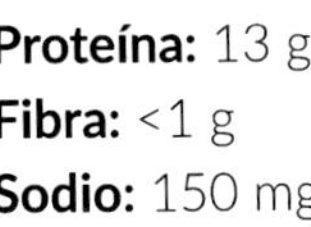

¿Piensa que un huevo revuelto con vegetales podría mantenerlo satisfecho por más tiempo que una dona o una rosquilla (bagel)? ¿Por qué?

¿Cuáles sazonadores o condimentos usaría para agregar sabor?

PANQUEQUE DE TRIGO INTEGRAL

¿Quién necesita la mezcla de panqueques? Hacer panqueques desde cero es casi tan rápido y barato. Usar harinas integrales también los hace más saludables y más sustanciosos. Este Panqueque de trigo integral aguanta todas las clases de acompañamientos sin volverse pastoso, como los panqueques de harina blanca. ¡También pueden hacerse en una estufa o en una olla arrocera!

Ingredientes

- 1 taza de harina de trigo integral
- 2 cdita. de polvo de hornear
- ¼ cdita. de sal
- 1 huevo
- 1 taza de leche o alternativas no lácteas
- 1 cda. de aceite de canola o mantequilla derretida (opcional)
- 1 taza de banano rodajeado, manzana picada o bayas (frescas o congeladas) (opcional)
- Aceite o mantequilla para engrasar el sartén

Instrucciones en estufa

1. Caliente un sartén ancho sobre fuego medio.
2. En un recipiente hondo, mezcle todos los ingredientes secos.
3. En un recipiente hondo separado, bata los huevos, la leche y la mantequilla derretida o aceite, si está usando. Agregue a la mezcla de harina y mezcle.
4. Engrase el sartén con un poco de aceite o mantequilla. Vierta ¼ de taza de la masa en el sartén caliente.
5. Una vez el panqueque esté haciendo burbujas y esté seco en las orillas, voltéelo.
6. Cocine por alrededor de 3 minutos más, o hasta que el centro del panqueque esté completamente seco.
7. Repita hasta que se termine la masa. Coloque las frutas sobre el panqueque, si está utilizando, y sirva.

Instrucciones en olla arrocera

1. Engrase una olla arrocera con mantequilla o aceite.
2. Mezcle bien los demás ingredientes en un recipiente hondo.
3. Vierta la masa en la olla arrocera.
4. Cocine por 1 o 2 ciclos, o hasta que la masa esté seca en el centro.
5. Remueva el plato de la olla arrocera y voltéelo en un plato. El panqueque debería salir sin dificultad.
6. Corte el panqueque en 4 y sirva con su acompañamiento favorito.

Información nutricional *por porción de ¼ de pedazo*

Calorías totales: 217
Grasa total: 7 g
Proteína: 8 g
Sodio: 293 mg
Carbohidratos: 34 g
Grasa saturada: 2 g
Fibra: 5 g

¿Cuál es el beneficio de mezclar ingredientes secos e ingredientes líquidos de manera separada antes de combinarlos?

¿Por qué la harina de grano integral tiene un sabor más fuerte que la harina blanca?

¿Qué otros acompañamientos quedarían bien con este panqueque?

PARFAIT DE YOGURT

Listo en 15 min. **Porciones** 4

Dar una mirada a las etiquetas cuando compra ingredientes puede hacer toda la diferencia de si un platillo es saludable o no. Esta receta es un buen ejemplo. Cuando se prepara con yogurt sin azúcar, fruta fresca y cereal bajo en azúcar, el parfait se vuelve un desayuno o refrigerio nutritivo. Cuando se prepara con yogurt y cereal con azúcar, sin embargo, ¡puede contener más azúcar añadida que una barra de dulce! Revise los "Azúcares añadidos" en las etiquetas de Información nutricional para encontrar productos con pocos o sin azúcares añadidos.

Ingredientes

- 2 tazas de fruta fresca o fruta congelada, pruebe por lo menos dos clases diferentes, *picada*
- 2 tazas de yogurt sin azúcar
- 2 cdas. de pasta untable 100% de frutas o miel
- 1 cda. de granola baja en azúcar o cereal seco bajo en azúcar

Instrucciones

1. Enjuague y corte la fruta en pequeños pedazos.
2. En un recipiente hondo, mezcle el yogurt y la pasta untable de frutas.
3. Coloque en capas cada uno de los parfait en cuatro recipientes hondos, tazas o vasos como sigue: ¼ taza de fruta, ¼ de taza de yogurt, 2 cdas. de granola (repita una vez más). Haga esto para todas las porciones.

❋ ***Consejo:*** *Use una taza o tarro de vidrio/plástico transparente cuando prepare estos parfait para que pueda ver las bellas capas.*

Información nutricional *por porción de 1 taza*

Calorías totales: 272
Carbohidratos: 44 g
Grasa total: 7 g
Grasa saturada: 4 g
Proteína: 9 g
Fibra: 4 g
Sodio: 137 mg

¿Qué otros alimentos come su familia que podrían contener azúcares añadidos?

Si está tratando de reducir el consumo de azúcar de su familia, ¿cuáles podrían ser algunas maneras de hacerlo?

ESCRIBA SU PROPIA RECETA: OMELET AL HORNO (TAMBIÉN CONOCIDA COMO FRITTATA)

______________ Omelet al horno de ______________ y de ______________
nombre a alguien especial — *vegetal* — *otro vegetal*

Porciones: 6

1. Precaliente el horno a 350 °F.
2. En un recipiente hondo grande, bata 8 huevos con ½ taza de ______________.
   leche o alternativa no láctea
3. Caliente 2 cucharadas de mantequilla o aceite en un sartén grande para horno sobre fuego medio.

   Luego agregue de 1 a 2 tazas de ______________ picado.
   sus vegetales elegidos
4. Cuando los vegetales estén suaves, agregue 1 cucharadita de ______________.
   hierbas o especias secas
5. Vierta la mezcla de huevo sobre los demás ingredientes en el sartén. Cocine sin mezclar por

   1 a 2 minutos.
6. Espolvoree con un puñado de ______________ desmenuzado, si lo desea,
   queso

   luego hornee por 15 a 20 minutos o hasta que el centro esté firme.
7. Saque la fritatta del horno y deje enfriar un poco antes de rodajearla y servir.

❋ ***Consejo:*** *Si no tiene un sartén para el horno, coloque aceite o mantequilla a la parte inferior de un molde para hornear. Distribuya la mezcla de vegetales en la parte inferior y vierta los huevos batidos antes de hornear.*

BANCO DE IDEAS

Vegetales
espinaca
calabacín
hongos
acelga
espárragos
guisantes
granos de maíz
cebolla
brócoli
pimentón (chile morrón)

Hierbas y especias
albahaca
orégano
tomillo
perejil
estragón
chile (ají) en polvo
cúrcuma
cilantro

Queso
Parmesano o romano
cheddar
mozzarella
queso suizo
queso Jack

ESCRIBA SU PROPIA RECETA: PASTA HORNEADA CON QUESO

____________ horneada con queso ____________

pasta — *un ingrediente seleccionado o sazonador de la receta*

Porciones: 8

1. Precaliente el horno a 400 °F. Engrase un molde para hornear.

2. Hierva una olla grande de agua salada. Agregue 1 libra de ____________ (*pasta*) integral y cocine hasta que esté casi, pero no del todo, cocida (todavía un poco firme, también conocido como *al dente*).

3. Mientras se coce la pasta, ralle 8 onzas de ____________ (*queso*) en un recipiente hondo grande. Agregue una taza de leche y una cucharadita de ____________ (*hierbas y especias*).

4. Mezcle gentilmente 2 tazas de ____________ (*verdes*) picado y un poco de ____________ (*extras*).

5. Si lo desea, espolvoree un poco de ____________ (*acompañamientos*) sobre la parte superior.

6. Escurra la pasta y mezcle con los demás ingredientes. Luego vierta todo en su molde para hornear. Hornee por 15 minutos, o hasta que la parte superior esté dorada.

BANCO DE IDEAS

Pasta
coditos (o coditos de trigo integral)
espagueti
conchas
penne
fideos de arroz
fideos de huevo

Queso
parmesano
cheddar
queso Monterey Jack
Gruyère, mozzarella o suizo

Hierbas y especias
orégano seco o fresco
albahaca fresca
perejil fresco
chile (ají) en polvo
ajo en polvo
mostaza

Hojas verdes (crudas o cocidas)
espinaca cocida
acelga
col rizada
arúgula
col berza

Extras
pollo cocido, jamón o salchicha
cebollas caramelizadas
hongos salteados
tomates secos picados
aceitunas sin semilla picadas
maíz
guisantes congelados
brócoli o coliflor cocido

Acompañamientos
migas de pan o crutones
cebollas crujientes
galletas molidas o frituras
más queso rallado

ESCRIBA SU PROPIA RECETA: ENSALADA PARA CENA

■ ____________________ Ensalada para cena con ________________ y de ________________
nombre a alguien especial — *hojas verdes para la ensalada* — *proteína o grano integral*

Porciones: 6

1. En un recipiente hondo gigante, bata ⅓ de taza de aceite de oliva con 3 cucharadas de ______________ (*ácido*), 1 cucharadita de ____________________ (*especias o hierbas secas*), y una pizca de sal.

2. Agregue al recipiente hondo 2 tazas de cada una: ________________________ (*vegetales crudos crujientes*), ________________________ (*su proteína o grano integral cocido de elección*), ____________________ (*algo jugoso, picado*) y ____________________ (*otra fruta o vegetal*).
   Mézclelas en el aderezo. Pruebe un pedazo de lechuga y ajuste los condimentos o la acidez.

3. Agregue alrededor de 6 tazas de ____________________ (*sus verdes para ensalada de elección*), picado o rasgado en pedazos pequeños.

4. Agregue hasta 1 taza de ________________________ (*algo con textura, para divertirse*).

5. Mezcle muy bien todo para cubrirlo con el aderezo. Sirva a temperatura ambiente.

BANCO DE IDEAS

Ácidos
jugo de cítricos fresco
cidra de manzana
vinagre balsámico
vinagre de vino
vinagre de arroz con un poco de salsa de soya
¡O pruebe una combinación!

Hierbas y especias
albahaca
orégano
tomillo
perejil
menta
jengibre
chile (ají) en hojuelas
mostaza
pimienta negra

Vegetales crudos
pimentones (chiles morrones) picados
zanahorias picadas o ralladas
aguacate en rodajas
pepino en rodajas
apio picado
hinojo rallado

Proteínas y granos integrales cocidos
pollo, pavo o bistec cocido
camarón cocido
atún o salmón en lata (escurrido)
tofú en cubos, en salmuera
huevo duro en rodajas
legumbres integrales cocidas, como garbanzos o frijoles rojos
quinoa cocida
pasta integral cocida
arroz salvaje, arroz integral o arroz rojo cocido

Algo jugoso
tomates
granos de maíz
segmentos de naranja o toronja
ciruelas o duraznos en rodajas
manzanas o peras en rodajas
pedazos de mango o piña

Hojas verdes para la ensalada
espinaca
lechuga
repollo
arúgula
col rizada
¡O pruebe una combinación!

Adiciones divertidas
aceitunas sin semilla
nueces o semillas
queso salado desmenuzado o rallado
queso suave en rodajas
tiras de tortilla crujientes o crutones
frutos secos como pasitas, arándanos rojos o cerezas
¡O pruebe una combinación!

■ ____________ frito con ____________ y ____________
grano integral *proteína* *vegetal o fruta*

Porciones: 4 *(Si duplica esta receta, prepare en tandas o use dos sartenes.)*

1. Caliente un sartén grande sobre fuego alto, luego agregue 2 cucharadas de aceite vegetal (no aceite de oliva).
2. Cuando el aceite esté caliente, reduzca el fuego a medio, y luego agregue un puñado de ____________ *(tipo de cebolla, ajo o chalote)* picado.
3. Mezcle una taza de ____________ *(su proteína elegida)*.
4. Cuando la proteína esté completamente cocida, quite el sartén del fuego y coloque a un lado. Agregue 1 cda. de aceite vegetal y 2 tazas de ____________ *(vegetales, por lo menos 2 clases)* picado. Continúe moviendo.
5. Agregue 2 tazas de ____________ *(su grano integral elegido)* frío cocido, ½ taza de ____________ *(algo divertido (opcional))* y unas cuantas cucharadas de ____________ *(salsa salada o picante)*.
6. Mezcle todo hasta que todos los ingredientes estén calientes y humeando. Pruebe y ajuste los condimentos. Sirva caliente.

BANCO DE IDEAS

Proteínas
camarón pelado
pechuga de pollo picada
jamón picado
carne de res o de pavo magra molida
tofú, tempeh o seitán en cubos
huevos, batidos

Granos integrales
arroz integral
quinoa
cebada
farro
cuscús de trigo integral

Vegetales
apio
zucchini (calabacín)
zanahorias
guisantes
pimentones (chiles morrones)
brócoli o coliflor
cebollines (cebolla verde)
hongos
repollo
espárragos
judías verdes (ejotes)

Adiciones divertidas
maní, nueces o marañón tostado
mango o piña picado
semillas de ajonjolí

Salsas saladas o picantes
salsa de soya
salsa teriyaki
salsa de pescado
salsa de chile (ají) dulce
salsa picante

■ ______________________________

título de receta corto, pero descriptivo y atractivo

Rinde: 4 a 6 porciones

Ingredientes

____

____

____

____

____

____

____

____

Incluya por lo menos una o dos frutas y/o vegetales. No olvide las cantidades y los detalles de preparación (picado, cocido, etc.).

Agregue granos integrales, alimentos con proteína, lácteos, o los tres.

Recuerde los sazonadores, sal, hierbas, especias o salsas.

Instrucciones

1. Primero, ______________________________

   ____

2. Luego, ______________________________

   ____

3. Después, ______________________________

   ____

4. Finalmente, ______________________________

   ____

5. Sirva con ______________________________

   ¡No olvide ____________!

Si la receta es cocida, proporcione instrucciones para calentar en estufa, horno u otro aparato.

Recuerde describir cuál equipo usar.

¿Cómo sabrán las personas cuando cada paso esté completado o la receta haya terminado? Proporcione detalles sensoriales.

¿En dónde encuentra información nutricional de confianza en línea?

EatFresh.org hace de las compras y la cocina en casa algo fácil. ¡Diríjase a EatFresh.org ahora y empiece a explorar!

- » Encuentre recetas saludables, baratas y rápidas, incluyendo aquellas que se encuentran en este cuaderno de trabajo.
- » Imprima, guarde, comparta y envíe por mensaje de texto recetas a su teléfono móvil.
- » Conozca consejos de estilo de vida para mantenerse saludable y sintiéndose de lo mejor.
- » Pregunte a un dietista registrado acerca de nutrición, cocina o sobre comer de forma saludable.
- » Ahorre tiempo planeando y comprando con planes de comidas.
- » Aplique para CalFresh/SNAP.
- » Aprenda destrezas de cocina básicas y cómo sustituir ingredientes para utilizar lo que ya tiene en casa.
- » Vea el sitio web en inglés, español o chino.
- » Vea la información nutricional para cada receta.

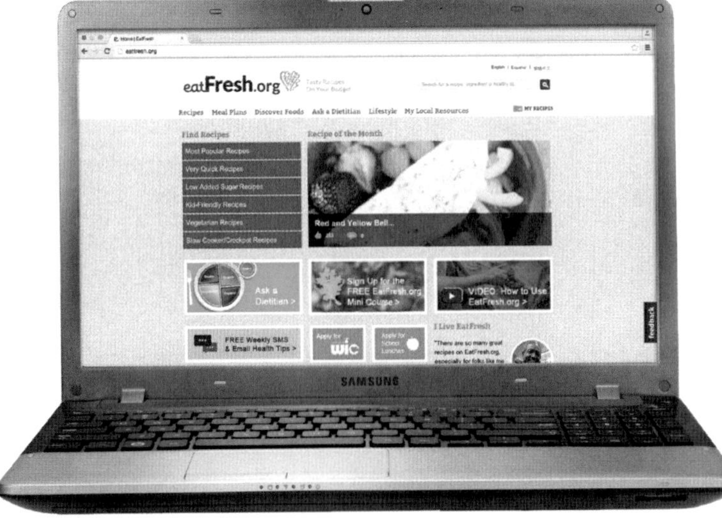

ACTIVIDADES DE CONCIENTIZACIÓN

RESPIRACIÓN DEL BOL DE SOPA

Cuando necesite aclarar su mente, liberarse del estrés, enfocarse o relajarse, pruebe este ejercicio de 90 segundos.

Piense acerca de su sopa favorita.

Coloque sus manos suavemente como si estuviera tomando su sopa favorita. Puede colocar sus manos solamente sobre su regazo. Siéntese erguido, como si su columna estuviera hecha de un una pila de monedas, con ambos pies sobre el piso. Cierre sus ojos o vea hacia abajo.

Imagine inhalar como si estuviera oliendo un delicioso bol de sopa, y exhalar como si estuviera soplando sobre él para enfriarlo; ¡cuidadosamente para no salpicarla por todos lados!

Inhale por cuatro segundos.

Exhale por ocho segundos.

Repita tres veces.

¿Necesita un ritual para conectarse con su mente, cuerpo o espíritu? Pruebe esto siempre que lo necesite.

Coloque sus pies planos sobre el piso.

Silenciosamente, a sí mismo, nombre **cinco cosas que puede ver** en la habitación...

Ahora nombre **cuatro cosas que puede oír** en la habitación...

Luego, nombre **tres sensaciones que sienta en su cuerpo**...

Después, nombre **dos cosas que puede oler**...

Y finalmente, [*elija una cosa para considerar de la lista abajo*]

...una cosa por la que está agradecido.

...una cosa que lo inspira.

...una persona a quien aprecia.

...un deseo para el mundo.

...un deseo o sueño para usted.

...una buena calidad que usted tenga.

AUTOABRAZO

El autoabrazo usa el sentido del tacto para ayudar al sistema nervioso a calmarse con más facilidad durante tiempos de estrés o agitación.

Al igual que otras técnicas de concientización, esto podría ayudarlo a estar presente, enfocado y más relajado cuando se esté sintiendo abrumado o atascado. Puede hacer esto aun cuando necesite conciliar el sueño. También puede enseñar esto a sus hijos o hacerlo con ellos para que puedan calmar sus cuerpos y sus mentes.

1. Colóquese en una posición cómoda, ya sea sentado o acostado.
2. Coloque una mano sobre su frente. Coloque la otra mano sobre su corazón.
3. Suavemente coloque su atención en el área entre sus dos manos, el área dentro suyo entre su cabeza y su corazón.
4. Solamente sienta lo que está pasando en el área entre sus manos. Respire suavemente, inhalando y exhalando.
5. Haga esto por tanto tiempo como pueda o necesite para poder sentirse cambiando hacia un estado más relajado.

Comer conscientemente nos ayuda a nutrir nuestra mente y nuestro cuerpo. Use estos recordatorios para ayudar a cuidar de sí mismo cuando come.

☑ *Conozca sus señales de hambre*: ¿En realidad tiene hambre o en su lugar está cansado, estresado, aburrido o sediento?

☑ *Evite comer de más*: Preste atención al tamaño de su porción. Desacelere a medida que la comida progresa, notando cuando esté satisfecho y decida si desea dejar de comer.

☑ *Preste atención a cómo come*: Tómese su tiempo para probar y disfrutar su comida. Trate de no realizar múltiples tareas o usar una pantalla mientras come.

☑ *Nutra su mente y su cuerpo*: Preste atención a lo que come. Los alimentos afectan qué tan bien funcionan su mente y su cuerpo.

Made in the USA
Monee, IL
17 May 2023

33460633R00048